초보자를 위한
유니티 입문

개정2판

실습하며 정복하는 2D & 3D 게임 개발 기초

초보자를 위한 유니티 입문(개정2판)

실습하며 정복하는 2D & 3D 게임 개발 기초

초판 1쇄 발행 2016년 1월 20일
개정판 1쇄 발행 2019년 4월 1일
개정2판 1쇄 발행 2023년 3월 24일
개정2판 2쇄 발행 2024년 10월 25일

지은이 아라카와 다쿠야, 아사노 유이치 / **옮긴이** 윤준 / **펴낸이** 전태호
펴낸곳 한빛미디어(주) / **주소** 서울시 서대문구 연희로2길 62 한빛미디어(주) IT출판2부
전화 02-325-5544 / **팩스** 02-336-7124
등록 1999년 6월 24일 제 25100-2017-000058호 / **ISBN** 979-11-6921-078-2 93000

총괄 송경석 / **책임편집** 홍성신 / **기획·편집** 이윤지 / **교정** 김희성
디자인 표지 박정우 내지 박정화 / **전산편집** 다인
영업 김형진, 장경환, 조유미 / **마케팅** 박상용, 한종진, 이행은, 김선아, 고광일, 성화정, 김한솔 / **제작** 박성우, 김정우

이 책에 대한 의견이나 오탈자 및 잘못된 내용은 출판사 홈페이지나 아래 이메일로 알려주십시오.
파본은 구매처에서 교환하실 수 있습니다. 책값은 뒤표지에 표시되어 있습니다.

한빛미디어 홈페이지 www.hanbit.co.kr / **이메일** ask@hanbit.co.kr

지금 하지 않으면 할 수 없는 일이 있습니다.
책으로 펴내고 싶은 아이디어나 원고를 메일(**writer@hanbit.co.kr**)로 보내주세요.
한빛미디어(주)는 여러분의 소중한 경험과 지식을 기다리고 있습니다.

초보자를 위한
유니티 입문

실습하며 정복하는 2D & 3D 게임 개발 기초

아라카와 다쿠야, 아사노 유이치 지음

윤준 옮김

개정2판

한빛미디어
Hanbit Media, Inc.

지은이 · 옮긴이 소개

지은이 **아라카와 다쿠야**荒川巧也

유니티 테크놀로지스 재팬 소속. 유니티 트레이너로서 기업에서 유니티를 도입하는 데 필요한 강의를 하거나 유니티를 사용한 콘텐츠 개발 등을 컨설팅한다. 또한 대학이나 전문학교 등에 유니티를 도입하기 위한 지원 업무도 하고 있다.

지은이 **아사노 유이치**浅野祐一

현역 게임 엔지니어. 과거에는 주로 콘솔 게임 개발을 담당하였으나 유니티를 접하고 나서는 스마트폰 게임 개발자로 활약 중이다. 좋아하는 동물은 병아리와 닭이다.

옮긴이 **윤준** junyun0516@gmail.com

숭실대학교 미디어학부를 졸업하고 동 대학원 모바일 랩에서 미디어공학을 전공했다. 프런트엔드 엔지니어로 활동하고 있으며 한빛미디어에서 『초보자를 위한 언리얼 엔진 4 입문』, 『초보자를 위한 유니티 입문(개정판)』 등을 번역했다.

먼저 많은 유니티 관련 서적 중 이 책을 선택해주셔서 감사드립니다. 『초보자를 위한 유니티 입문(개정2판)』은 Unity 2022 버전이 적용된 입문서입니다. 여러분이 이 책의 내용을 이해한다면 앞으로 어떠한 콘텐츠든 만들 수 있을 것이라고 생각합니다.

유니티는 다양한 플랫폼의 콘텐츠를 무료로 만들 수 있는 강력한 도구입니다. 인터넷에는 유니티와 유니티로 만들어진 콘텐츠에 관한 정보가 많습니다. 요즘에는 게임뿐 아니라 자동차 업계나 건설 업계 등 게임과 관계없는 분야에서 유니티를 채용하는 사례가 늘고 있습니다. 자동차 업계의 예를 보면, 현실에서 새로운 자동차 디자인을 검토할 경우 많은 비용이 발생합니다. 하지만 유니티를 사용하여 VR 공간에서 새로운 3DCG 디자인을 확인하면 비용이 거의 들지 않습니다. 그리고 3DCG는 디자인을 변경하기도 쉽습니다.

유니티를 배워두면 앞으로 어떠한 작업을 하든 여러분의 가능성이 넓어질 것입니다. 유니티와 같이 무료로 사용할 수 있는 강력한 도구는 개인이나 작은 조직에 매우 큰 힘을 부여합니다. 대학과 같은 교육기관에서는 유니티 수업이 교육과정에 포함되기도 합니다. 그리고 다양한 연구에 유니티가 사용되고 있으며 연구 결과도 발표되고 있습니다. 규모가 작은 조직에서 만든 인디 게임 등이 크게 주목받는 데는 유니티와 같은 강력한 도구의 힘이 컸을 것입니다. 물론 대기업에서도 유니티를 사용하여 콘텐츠를 제작하는 사례는 많습니다. 유니티를 다루는 기술은 앞으로 매우 중요해질 것이며 이러한 추세는 계속될 것입니다.

이 책을 선택한 여러분은 분명 유니티를 배우려는 열정을 갖고 있을 것이라고 생각합니다. 부디 지금의 마음을 소중히 여기며 한 걸음씩 배워봅시다. 콘텐츠를 만들고 싶은 사람에게 진심으로 도움이 되기를 바라는 마음으로 이 책을 집필했으므로 책을 읽는 여러분이 그 마음을 느껴준다면 정말 기쁠 것입니다. 유니티로 할 수 있는 일이 아주 많은 만큼 벽에 부딪히는 일도 생길 텐데 그럴 때는 인터넷에서 유익한 정보를 찾아보기 바랍니다.

마지막으로 유니티는 앞으로 새로운 기능이 점점 더 추가될 것입니다. 계속해서 유니티를 다루기 위해서는 어떠한 기능이 추가되었는지 관심을 갖고 배우려는 자세가 필요합니다. 저희도 항상 배우고 공부하고 있습니다. 함께 유니티 커뮤니티에 기여할 수 있고, 유니티를 사용하여 훌륭한 콘텐츠를 많이 만들어낼 수 있는 세상이 되었으면 좋겠습니다.

아라카와 다쿠야, 아사노 유이치

유니티는 오랫동안 많은 사람에게 사용되고 사랑받아 왔습니다. 유니티는 심플하고 강력한 기능으로 게임 개발뿐만 아니라 건축, 인테리어, 자동차 산업, 영상 제작 등 다양한 분야로 그 영역을 확대해가고 있으며 유니티도 그러한 경향을 공식적으로 지원하기 시작했습니다.

이제 유니티를 배우고 사용한다는 것은 단순히 게임 개발에 국한된 이야기가 아닙니다. 이러한 상황에서 유니티를 처음 접할 때 유니티의 출발점인 게임을 통해 익히는 것은 가장 효율적인 방법이라고 생각됩니다.

이 책은 유니티의 기초적인 내용과 핵심이 잘 정리되어 있습니다. 저자는 다양한 교육 활동 경험을 통해 실질적으로 입문자가 궁금해하고 어려워하는 내용을 잘 알고 있으며 효과적으로 전달하는 방법을 알고 있는 것 같습니다. 또한 4번째 개정판인 만큼 더욱 잘 정리되어 있고 내용이 깔끔해졌습니다.

유니티를 이제 막 시작하려는 분들에게 꼭 추천하고 싶은 책입니다. 지나고 보면 별것 아니겠지만 방향이나 방법을 모르는 막막한 시기에 제대로 된 안내서가 없다면 생각보다 많은 시간을 허비할 수 있습니다. 이 책으로 방향과 방법을 확실히 터득하고 본인의 목적에 맞게 다음 단계로 나아간다면 이 책을 100% 활용한 것입니다.

무사히 책이 나올 수 있게 도와준 이윤지 편집자와 한빛미디어 관계자 분들에게 이 자리를 빌려 감사의 마음을 전합니다. 끝으로 번역하는 동안 지지해준 아내와 딸에게도 고맙다는 말을 전합니다.

윤준

특징

이 책에서는 유니티 엔진을 사용하여 2D, 3D, 스마트폰용 게임을 만듭니다. 차근차근 따라 하면 자연스럽게 유니티 사용법과 게임 개발 방법을 터득하게 됩니다.

다루는 내용

- **1장**에서는 유니티 주변 지식과 설치 방법, 유니티 허브를 설명합니다.
- **2장**에서는 유니티 에디터 화면을 살펴보면서 각 기능을 사용하는 방법에 대해 설명합니다.
- **3장**에서는 공 굴리기 3D 게임을 만들면서 실제로 유니티를 사용해봅니다.
- **4장**에서는 굴러떨어지는 병아리 구슬을 대포로 맞히는 2D 게임을 만들면서 유니티의 기본 기능을 익힙니다.
- **5장**에서는 유니티의 UI 시스템을 이용하여 게임 UI를 만드는 방법에 대해 설명합니다.
- **6장**에서는 3D 장애물 달리기 게임을 만들면서 여러 리소스를 사용해봅니다.
- **7장**에서는 스마트폰용 게임을 만드는 방법에 대해 설명합니다.

초보자의 눈높이에 맞는 예제를 사용했기 때문에 각 장을 읽어나가기만 해도 유니티로 게임을 만들 수 있습니다.

예제 소스

실습에 사용하는 예제 파일은 한빛미디어 웹페이지에서 내려받아 사용할 수 있습니다. 필요한 파일을 제때 사용할 수 있도록 PC에 미리 준비해두세요.

- **예제 소스**
  URL https://www.hanbit.co.kr/src/11078

유니티 엔진은 유니티 사이트에서 내려받을 수 있습니다. 내려받기와 설치 방법은 1장에서 설명합니다.

- **유니티 사이트**
  URL https://unity.com/kr

이 책의 예제는 유니티 엔진 2022.2 버전을 기반으로 하여 작성했으며 동작 테스트를 완료했습니다.

개발 환경

유니티로 개발하기 위해 이 책에서 요구하는 시스템 조건은 다음과 같습니다.

- 데스크톱 PC 또는 Mac
- 윈도우 7 SP1 이상과 윈도우 8, 10의 64비트 버전, macOS 10.12 이상만 지원합니다. 윈도우 서버 및 OS X 서버 버전에서는 테스트하지 않았습니다.
- GPU : DX10(셰이더 모델 4.0) 지원 그래픽 카드

일러두기

이 책의 정보 및 캡처 이미지는 유니티 업데이트 및 개선으로 인해 출간 후 시간이 지남에 따라 달라질 수 있습니다.

CONTENTS

CHAPTER 1 유니티를 시작하기 위한 준비

CHAPTER 2 인터페이스와 사용 방법

CONTENTS

CHAPTER **3 유니티 사용하기**

CONTENTS

CHAPTER 5 **게임 UI 만들기**

CHAPTER 6 3D 게임 만들기

CONTENTS

CONTENTS

CHAPTER 7 스마트폰에서 실행하기

유니티를 시작하기 위한 준비

1.1 유니티로 할 수 있는 것

1장에서는 유니티로 게임을 만들기 전에 유니티 주변 환경과 장점을 확인해봅니다. 실제로 유니티를 다루기 전에 이러한 개요를 알고 있으면 유니티를 더 깊이 이해할 수 있습니다.

1.1.1 게임 제작을 위해 갖춰진 환경

요즘처럼 개인이나 작은 조직에서 게임 개발을 시작할 기회가 갖추어진 시대는 없었습니다. 앱 스토어나 구글 플레이 등 앱 배포를 위한 인프라가 보급되고 전에 비해 고성능 컴퓨터를 쉽게 마련할 수 있는 등 환경 면에서도 게임 제작을 지원하고 있습니다. 또한 스마트폰이 보급되며 '내 스마트폰에서 움직이는 게임을 만들고 싶다'고 생각하는 분도 많을 것입니다. 이러한 배경으로 인해 게임 제작 수요가 증가하고 있습니다.

1.1.2 유니티가 지지를 받는 이유

앞서 말했듯이 게임 제작을 위해 갖추어진 환경은 게임 개발 수요가 증가하는 배경이라고 할 수 있습니다. 하지만 게임을 제작하려면 높은 프로그래밍 기술을 비롯해 수학, 물리학 등 여러 분야의 전문 지식이 필요합니다. 그러나 전문 지식과 프로그래밍 기술 없이도 게임을 만들 수 있게 해주는 것이 바로 유니티와 같은 게임 엔진입니다. 이전의 게임 엔진은 개발회사가 사용하던 것으로 사용료가 수천만 원에서 수억 원에 이르는 고가의 제품이었기 때문에 개인이나 작은 팀에서는 쉽게 사용할 수 없었습니다. 또한 게임 엔진에는 게임 제작에 필요한 각 개발사의 핵심 기술이 담겨 있기 때문에 게임회사의 독자적인 게임 제작 도구는 외부에 공개되지 않았습니다. 유니티의 대단한 점은 이렇게 일반적으로 사용할 수 없었던 게임 엔진을 대중에 공개했으며 누구나 쉽게 게임 제작의 출발선상에 설 수 있도록 만들었다는 것입니다.

다음은 유니티의 장점입니다.

- 개인과 연 매출 10만 달러 이하의 조직은 유니티를 무료로 사용할 수 있다.
- 멀티 플랫폼 대응이 가능하다.
- 마야^{Maya}나 블렌더^{Blender} 등 다른 개발 도구와 상호 호환성이 좋다.
- 전 세계에서 한 달에 100만 명 이상 사용하고 있어 정보가 많다.
- 에셋 스토어^{Asset Store}에서 게임에 사용할 리소스를 쉽게 구매하여 추가할 수 있다.

개인과 연 매출 10만 달러 이하의 조직은 무료로 사용할 수 있다

유니티는 강력한 게임 엔진임에도 불구하고 개인이나 연 매출 10만 달러 이하의 조직이라면 게임 제작에 필요한 기능을 무료로 사용할 수 있습니다. 무료로 유니티를 사용해 게임을 만들고 매출이 발생해도 전혀 문제가 없습니다. 유니티는 개인과 소규모 조직이 무료로 사용할 수 있기 때문에 '일단 게임을 만들어보자!'는 도전을 가능하게 합니다. 즉, 게임 제작의 진입 장벽이 낮아졌습니다.

멀티 플랫폼 대응이 가능하다

스마트폰 게임은 대부분 안드로이드와 iOS를 동시에 지원합니다. 일반적으로 안드로이드는 자바(또는 코틀린), iOS는 스위프트(또는 오브젝티브-C)라는 프로그래밍 언어를 사용해 개발하며 각 플랫폼에 맞춰 적용해야 합니다. 하지만 적용 작업은 인건비와 시간 등의 비용이 발생하고 각 플랫폼에 맞춘 별도의 작업이 필요할 수도 있습니다. 유니티는 작성된 게임을 클릭한 번으로 각각의 플랫폼에 맞는 게임 데이터로 만들어줍니다(콘솔기기용 게임은 각 플랫폼을 제공하는 기업과의 라이선스 계약 등이 필요합니다). 이처럼 멀티플랫폼 대응이 가능한 게임을 손쉽게 만들 수 있기 때문에 기업 입장에서 매우 매력적입니다. 또한 개인이 게임을 만들 때 특정 플랫폼에 대한 이해가 없어도 다양한 플랫폼에 맞는 게임을 만들 수 있습니다. 유니티는 계속해서 새롭게 등장하는 플랫폼을 지원하기 위해 노력합니다. 따라서 이후에 등장할 새로운 플랫폼을 지원할 가능성도 높습니다. 유니티가 현재 지원하고 있는 플랫폼은 다음 표와 같습니다.

▶ 주요 대응 플랫폼

윈도우	플레이스테이션 시리즈
macOS	플레이스테이션 VR
iOS	엑스박스 시리즈
안드로이드	닌텐도 3DS
리눅스	닌텐도 스위치
tvOS	스타디아(Stadia)
안드로이드 TV	오큘러스 리프트(Oculus Rift)
웹지엘(WebGL)	

다른 개발 도구와 상성이 좋다

마야나 블렌더를 비롯한 모델링 도구와 상호 호환성이 좋아서 각 개발 도구로 만들어진 모델을 손쉽게 유니티에 추가하여 게임을 만들 수 있습니다. 개발 도구를 광고할 때 유니티에 대응한다는 점을 하나의 강점으로 소개하는 경우도 있습니다.

전 세계에서 한 달에 100만 명 이상 사용하고 있어 정보가 많다

유니티를 사용하여 콘텐츠를 만드는 개발자는 전 세계에 걸쳐 한 달에 100만 명이 넘습니다. 개발자가 많다는 것은 정보가 많다는 것을 의미합니다. 따라서 인터넷에서 게임을 만드는 데 필요한 정보를 쉽게 얻을 수 있는 점도 유니티의 장점입니다. 유니티 테크놀로지사 자체도 개발자 간 정보 교류를 지원하고 있습니다. 개발 환경에 따라서는 정보 공개를 금지하는 경우도 있지만 유니티에서는 그럴 일이 전혀 없습니다.

에셋 스토어에서 게임에 사용할 리소스를 쉽게 얻을 수 있다

게임을 만들 때는 다양한 리소스가 필요합니다. 유니티는 에셋 스토어에서 게임에 사용할 모델이나 음향 리소스, 프로그래밍을 작성하지 않아도 게임을 만들 수 있는 도구 등을 무료 혹은 유료로 얻을 수 있습니다. 에셋 스토어에서 배포하는 리소스는 전문 제작자가 만든 것이기 때문에 개인 개발자도 제대로 된 리소스를 사용하여 게임을 만들 수 있습니다. 또한 규정상 에셋 스토어에서 구입한 리소스를 사용하여 개발한 게임에서 매출이 발생해도 전혀 문제되지 않습니다.

▶ 에셋 스토어

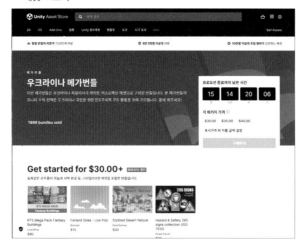

1.2 유니티 설치

최신 유니티를 설치하여 게임 제작을 준비합시다.

1.2.1 유니티 다운로드하기

유니티 공식 사이트에 접속하여 인스톨러를 다운로드합니다. 이 책에서는 Personal 버전을 사용합니다.

- **유니티 공식 사이트**
  URL https://unity.com/kr

▶ 공식 사이트에서 다운로드 시작

▶ Personal 버전 선택

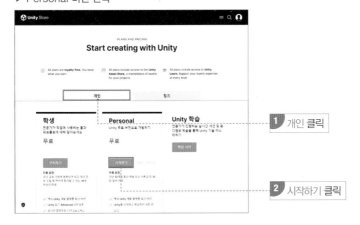

▶ 유니티 허브 다운로드

UNITY 다운로드

창의력을 발휘할 수 있는 공간

전 세계적으로 가장 큰 인기를 누리는 2D/3D 멀티플랫폼 게임 및 인터랙티브 경험 개발 플랫폼을 다운로드하세요.

[Windows용 다운로드] [다른 버전 다운로드]

시작 방법   시스템 요구 사항   신규 사용자   리소스

① 운영체제에 맞는 유니티 허브 내려받기

Unity를 사용한 3단계 제작

1. 1. Unity Hub 다운로드
화면의 설명을 따라 설치 프로세스를 진행하고 실정합니다.

Windows용 다운로드 Mac용 다운로드 Linux용 지원

2. 2. Unity 버전 선택
최신 버전의 Unity, 이전 릴리스 또는 개발 중인 최신 기능이 포함된 베타 버전을 설치합니다.

다운로드 아카이브 방문

3. 3. 프로젝트 시작
처음부터 제작할 수도 있고, 템플릿을 사용하여 첫 프로젝트를 빠르게 진행할 수 있습니다. 초보자부터 전문가까지 모든 크리에이터를 지원하기 위해 고안된 튜토리얼 비디오를 확인하세요.

유니티로 개발할 때의 작동 환경

유니티는 OS X 10.12(시에라^{Siera}) 이후의 macOS 또는 윈도우 7 SP1 이후의 윈도우(64비트)를 지원합니다. macOS 및 윈도우 서버용에서는 작동을 보증하지 않습니다. 또한 DirectX 10에 해당하는(셰이더 모델 4.0) 성능의 그래픽 칩이 필요합니다. 이것은 2006년 이후에 생산된 것이 기준입니다(일부 기기에서는 이를 지원하기 위한 GPU가 필요합니다). 자세한 사항은 유니티 공식 사이트를 확인하세요.

1.2.2 유니티 라이선스

유니티 라이선스는 무료인 Personal 버전과 유료인 Plus/Pro/Enterprise 버전이 있습니다. 무료 버전과 유료 버전은 성능과 기능에 차이가 없습니다. 다만 Personal 버전은 개인과 연 매출 10만 달러 이하의 팀만 사용할 수 있으며 Plus와 Pro 버전은 버그 수정을 우선적으로 지원받을 수 있고 게임 개발에 필요한 각종 도움을 받을 수 있다는 점이 다릅니다.

▶ 유니티 라이선스 비용(2023년 3월 기준)

Personal	무료
Plus	연 479,990원(시트당)
Pro	연 2,550,000원(시트당)
Enterprise	별도 협의

Personal 버전에서도 iOS나 안드로이드로 내보내기할 수 있습니다(이 경우 게임 시작 시 화면에 유니티 로고가 표시됩니다). 유료 버전 사용자는 게임 시작 시 유니티 로고가 나타나지 않게 변경할 수 있습니다.

1.2.3 설치 순서

이제 유니티를 설치해봅시다. 인터넷에 접속되어 있는 상태라고 가정하고 설명하겠습니다.

설치 파일 실행(macOS)

앞서 다운로드한 설치 파일을 실행합니다. 유니티 허브 설치 화면이 열리면 이용 규약을 확인하고 Agree를 클릭하여 설치를 시작합니다.

▶ 유니티 설치 ①

유니티 허브를 Applications 폴더로 드래그 앤 드롭합니다.

▶ 유니티 설치 ②

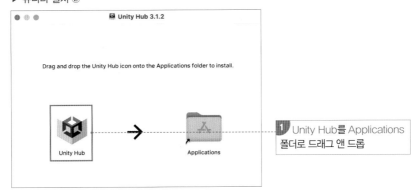

유니티는 유니티 허브를 이용해서 설치합니다. 최신 버전뿐만 아니라 이전 버전도 설치할 수 있습니다. 응용 프로그램 폴더를 열고 Unity Hub를 더블 클릭합니다.

▶ 유니티 설치 ③

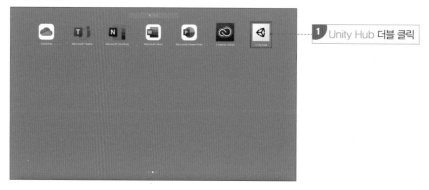

설치 파일의 경고 다이얼로그가 표시되면 열기를 클릭하고 계속 진행합니다.

▶ 유니티 설치 ④

유니티를 사용하기 위해서는 유니티 계정이 필요합니다. 계정이 있으면 Sign in을 클릭하여 로그인하고 계정이 없으면 하단의 Create account를 클릭하여 계정을 새로 만듭니다. 메일 주소, 패스워드, 사용자 이름을 입력하고 이용 규약을 확인한 다음 유니티 계정을 생성합니다. 입력한 메일 주소로 도착한 확인 메일을 보고 본문의 Link to confirm email의 링크를 클릭하면 계정 생성이 완료됩니다.

▶ 유니티 설치 ⑤

1 계정이 있으면 Sign in을 클릭하고 없으면 Create account를 클릭하여 계정 생성

계정이 있을 경우

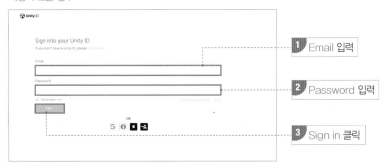

1 Email 입력

2 Password 입력

3 Sign in 클릭

계정이 없을 경우

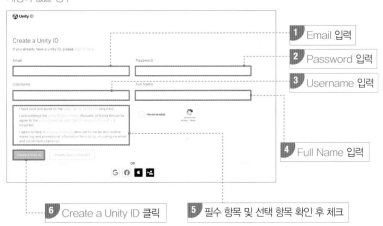

1 Email 입력

2 Password 입력

3 Username 입력

4 Full Name 입력

6 Create a Unity ID 클릭

5 필수 항목 및 선택 항목 확인 후 체크

▶ 유니티 설치 ⑥

유니티를 설치합니다. 저장 경로를 확인하고 Install Unity Editor를 클릭합니다. 저장 경로는 기본값을 그대로 사용해도 됩니다. 여기서는 **2021.3 버전을 설치**하고 앞으로 사용할 2022.2 버전을 따로 설치합니다.

▶ 유니티 설치 ⑦

설치 완료 후 프로젝트 생성 화면에서 샘플 게임을 다운로드할 수 있습니다. 게임을 만들 때 참고할 만한 정보가 많으므로 꼭 샘플 게임을 설치해봅시다. Projects 탭에서 오른쪽 상단의 New project를 클릭하고 FPS Microgame을 선택한 뒤 Download template을 클릭합니다. 템플릿 다운로드가 완료되면 Create project를 클릭하여 샘플 게임 프로젝트를 실행할 수 있습니다.

▶ 유니티 설치 ⑧

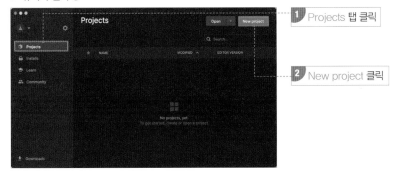

1 Projects 탭 클릭

2 New project 클릭

▶ 유니티 설치 ⑨

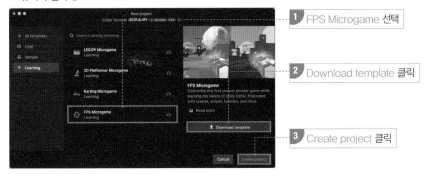

1 FPS Microgame 선택

2 Download template 클릭

3 Create project 클릭

프로젝트 생성이 완료되면 유니티 에디터가 실행됩니다. 실행 도구의 플레이 버튼을 클릭하면 샘플 게임을 실행할 수 있으며 실행 중에 플레이 버튼을 클릭하면 샘플 게임을 종료할 수 있습니다.

▶ 유니티 설치 ⑩

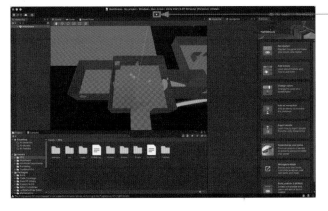

플레이 버튼을 클릭하면 게임이 실행됨

이 책을 번역한 시점에 다운로드한 설치 파일을 실행하면 유니티 2021.3이 설치됩니다. 유니티 허브를 통해 최신 버전을 설치할 수 있습니다. 이 책에서는 **2022 버전으로 예제를 설명하므로 2022 버전을 설치하기 바랍니다. 그리고 iOS와 안드로이드 모듈도 같이 설치해둡니다.** 이미 설치된 버전의 유니티를 그대로 사용하려면 38쪽을 참고하여 iOS와 안드로이드 모듈을 설치합니다.

최신 버전 설치(macOS)

유니티 허브를 열어 왼쪽의 Installs 메뉴를 선택한 후 상단의 Install Editor 버튼을 클릭합니다.

▶ 최신 버전 설치 ①

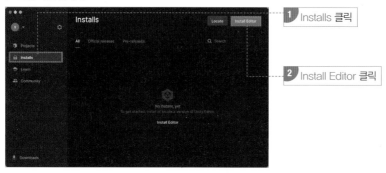

Pre-releases 탭에서 설치할 버전을 선택합니다. 여기서는 2022.2.0a17 버전을 설치합니다(버전은 수시로 업데이트되므로 가장 최신의 것을 선택합니다). 우측의 Install 버튼을 클릭하고 설치할 모듈을 선택합니다. Visual Studio for Mac, Android Build Support, Andorid SDK & NDK Tools, OpenJDK, iOS Build Support를 체크하고 Continue를 클릭합니다.

▶ 최신 버전 설치 ②

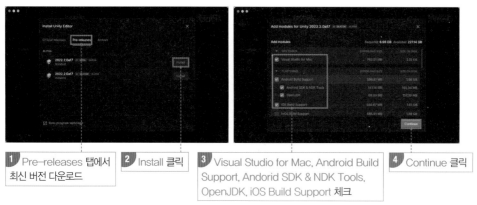

비주얼 스튜디오 라이선스 화면이 표시됩니다. 규약을 확인한 뒤 체크박스를 선택하고 Continue를 클릭합니다.

▶ 최신 버전 설치 ③

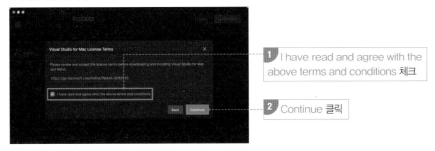

안드로이드용 모듈의 라이선스 화면이 표시됩니다. 약관 확인 후 체크박스를 선택하고 Install을 클릭합니다.

▶ 최신 버전 설치 ④

설치가 시작됩니다. 필요한 파일이 모두 설치될 때까지 기다립니다.

▶ 유니티 설치 ⑤

2022.2 버전의 유니티 에디터가 설치되었습니다.

설치 파일 실행(윈도우)

윈도우에서도 마찬가지로 다운로드한 설치 파일을 실행하고 설치마법사를 따라 진행합니다. 설치 파일을 실행하면 사용권 계약을 확인하는 창이 나타납니다. 내용을 확인하고 동의함을 클릭하여 다음으로 진행합니다.

▶ 유니티 설치 ①

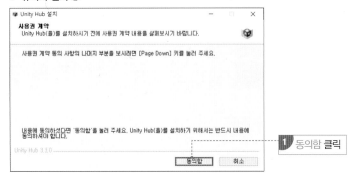

설치 경로를 지정합니다. 기본값은 그대로 두고 설치를 클릭하여 계속 진행합니다.

▶ 유니티 설치 ②

로그인하여 다음으로 진행합니다. 계정이 없으면 새로 생성하고 로그인합니다.

▶ 유니티 설치 ③

① 이미 계정이 있으면 Sign in 클릭,
계정이 없으면 Create account를
클릭하여 계정 생성

유니티를 사용하기 위해서는 유니티 계정이 필요합니다. 이미 계정이 있으면 Sign in을 클릭하여 로그인합니다. 계정이 없으면 하단의 Create account를 클릭하여 계정을 새로 만듭니다. 메일 주소, 패스워드, 사용자 이름을 입력하고 이용 규약을 확인한 다음 유니티 계정을 생성합니다. 입력한 메일 주소로 도착한 확인 메일을 보고 본문의 Link to confirm email 링크를 클릭하여 계정 생성을 마무리합니다.

계정이 있을 경우

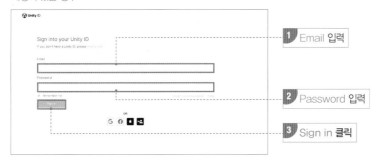

① Email 입력

② Password 입력

③ Sign in 클릭

계정이 없을 경우

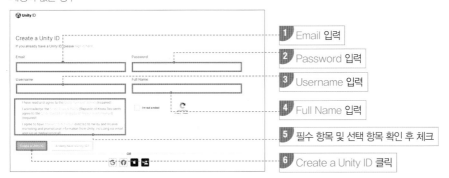

① Email 입력

② Password 입력

③ Username 입력

④ Full Name 입력

⑤ 필수 항목 및 선택 항목 확인 후 체크

⑥ Create a Unity ID 클릭

▶ 유니티 설치 ④

유니티를 설치합니다. 저장 경로를 확인하고 Install Unity Editor를 클릭합니다. 저장 경로는 기본값을 그대로 사용해도 됩니다. 여기서는 **2021.3 버전을 설치**하고 앞으로 사용할 2022.2 버전은 따로 설치합니다.

▶ 유니티 설치 ⑤

설치 완료 후 프로젝트 생성 화면에서 샘플 게임을 설치할 수 있습니다. 게임을 만들 때 참고할 만한 정보가 많으므로 꼭 샘플 게임을 설치해봅시다. Projects 탭에서 오른쪽 상단의 New project를 클릭하고 FPS Microgame을 선택한 뒤 Download template을 클릭합니다. 템플릿 다운로드가 완료되면 Create project를 클릭하여 샘플 게임 프로젝트를 실행할 수 있습니다.

▶ 유니티 설치 ⑥

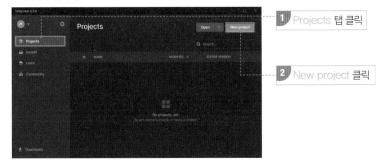

1 Projects 탭 클릭

2 New project 클릭

▶ 유니티 설치 ⑦

1 FPS Microgame 선택

2 Download template 클릭

3 Create project 클릭

프로젝트 생성이 완료되면 유니티 에디터가 실행됩니다. 실행 도구의 플레이 버튼을 클릭하면
샘플 게임을 실행할 수 있으며 실행 중에 플레이 버튼을 클릭하면 샘플 게임을 종료할 수 있습
니다.

▶ 유니티 설치 ⑧

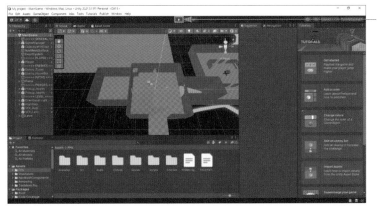

플레이 버튼을 클릭하면
게임이 실행됨

이 책이 번역된 시점에 다운로드한 설치 파일을 실행하면 유니티 2021.3 버전이 설치됩니다. 유니티 허브를 통해 최신 버전을 설치할 수 있습니다. 이 책에서는 2022 버전으로 예제를 설명하므로 2022 버전을 설치하기 바랍니다. 그리고 iOS와 Android 모듈도 같이 설치해둡시다. 이미 설치된 버전의 유니티를 그대로 사용하려면 38쪽을 참고하여 iOS와 Andorid 모듈을 설치합니다.

최신 버전 설치(윈도우)

유니티 허브를 열고 왼쪽 메뉴 가운데 Installs를 선택한 후 상단의 Install Editor 버튼을 클릭합니다.

▶ 최신 버전 설치 ①

Pre-releases 탭에서 설치할 버전을 선택합니다. 여기서는 2022.2.0b9 버전을 설치합니다(버전은 수시로 업데이트되므로 가장 최신의 것을 선택합니다). 우측의 Install 버튼을 클릭하고 설치할 모듈을 선택합니다. Microsoft Visual Studio Community 2022, Android Build Support, OpenJDK, Android SDK & NDK Tools, iOS Build Support를 체크하고 Continue를 클릭합니다.

▶ 최신 버전 설치 ②

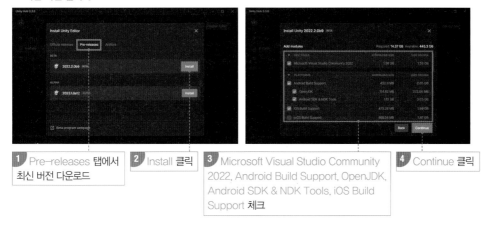

1 Pre-releases 탭에서 최신 버전 다운로드

2 Install 클릭

3 Microsoft Visual Studio Community 2022, Android Build Support, OpenJDK, Android SDK & NDK Tools, iOS Build Support 체크

4 Continue 클릭

비주얼 스튜디오 라이선스 화면이 표시됩니다. 규약을 확인하고 체크박스를 선택한 다음 Continue를 클릭합니다.

▶ 최신 버전 설치 ③

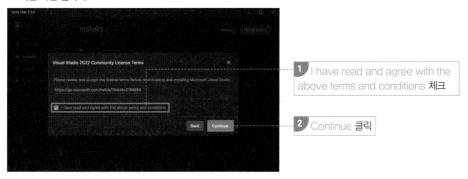

1 I have read and agree with the above terms and conditions 체크

2 Continue 클릭

안드로이드용 모듈의 라이선스 화면이 표시됩니다. 약관을 확인하고 체크박스를 선택한 뒤 Install을 클릭합니다.

▶ 최신 버전 설치 ④

설치가 시작되면 필요한 파일이 모두 설치될 때까지 기다립니다.

▶ 최신 버전 설치 ⑤

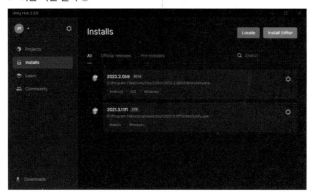

2022.2 버전의 유니티 에디터가 설치되었습니다.

Unity ID 승인하기

Unity ID를 승인합니다. 유니티를 설치할 때 입력한 메일 주소로 확인 메일이 도착했을 것입니다. 메일을 열고 Link to confirm email 링크를 클릭하여 승인합니다.

▶ Link to confirm email 링크 클릭

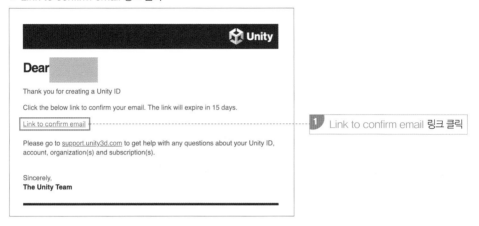

Unity

Dear

Thank you for creating a Unity ID

Click the below link to confirm your email. The link will expire in 15 days.

Link to confirm email ---------------- **1** Link to confirm email 링크 클릭

Please go to support.unity3d.com to get help with any questions about your Unity ID, account, organization(s) and subscription(s).

Sincerely,
The Unity Team

Unity ID로 로그인하기

유니티를 이용하기 위해서는 Unity ID로 로그인해야 합니다. 로그인은 유니티 허브에서 실행합니다 (이후에는 로그인된 상태를 전제로 설명합니다).

▶ 로그인

1 여기를 클릭

2 Sign in 클릭

모듈 추가하기

설치된 유니티에 모듈을 추가하려면 Installs 탭에서 모듈을 추가할 버전의 오른쪽 상단 Install Editor 버튼을 클릭하여 Add modules를 클릭합니다. 추가할 모듈을 선택하는 창이 나타나면 필요한 모듈을 선택하고 설치합니다.

▶ 모듈 추가하기

유니티 제거하기

유니티 허브로 여러 버전의 유니티를 설치해 이용할 수 있습니다. 오래된 버전의 유니티를 제거하려면 Installs 탭에서 제거할 버전의 Install Editor 버튼을 클릭하고 UnInstall을 클릭합니다.

▶ 유니티 제거하기

CHAPTER 2

인터페이스와 사용 방법

2.1 유니티 에디터의 화면 구성

2장에서는 유니티를 실행하면 나타나는 에디터의 화면 구성과 사용 방법을 설명합니다. 또한 게임을 만들기 전에 **유니티 에디터의 기능과 역할**을 알아봅니다.

유니티 에디터는 역할에 따라 각 영역을 창과 뷰로 구분할 수 있습니다.

▶ 유니티 에디터의 화면 구성

창과 뷰의 배치를 위한 레이아웃 패턴이 몇 가지 마련되어 있습니다(자세한 내용은 뒤에 설명합니다). 위 화면은 기본 레이아웃입니다. 이 책에서는 기본 레이아웃을 기준으로 설명합니다.

2.1.1 게임 뷰

게임^{Game} 뷰에는 **카메라를 통해 투영된 게임 세계의 이미지**가 표시됩니다. 게임을 실행했을 때와 같은 화면이 표시되므로 실제 게임이 어떻게 보이는지 확인하면서 게임을 만들 수 있습니다.

게임 뷰와 이후 설명할 씬 뷰는 뷰에 있는 탭을 클릭하여 표시를 전환할 수 있습니다.

▶ 게임 뷰

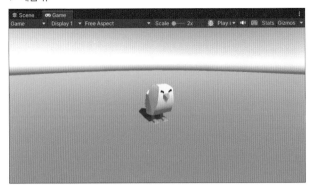

게임 뷰의 컨트롤 바

게임 뷰 상단에는 게임 화면의 표시를 설정하기 위한 컨트롤 바가 있습니다.

▶ 게임 뷰의 컨트롤 바

화면 전환

유니티는 게임 안에 여러 대의 카메라를 마련해두고 **카메라마다 표시되는 화면을 전환**할 수 있습니다. Display 1 부분을 클릭하면 나타나는 드롭다운 리스트에서 각각의 카메라에 해당하는 화면으로 전환할 수 있습니다(화면을 전환하기 위해서는 카메라와 화면을 연결할 필요가 있습니다).

▶ 화면 전환

화면 비율 설정

Free Aspect 부분을 클릭하면 나타나는 드롭다운 리스트에서 게임이 실행될 때의 화면 비율(종횡비)을 설정할 수 있습니다. 화면 비율에 따라 게임 뷰의 표시도 변경되므로 실제 게임 화면에 보이는 모습을 확인할 수 있습니다.

▶ 화면 비율 설정

확대 표시

Scale 슬라이더를 이동하여 **게임 뷰를 확대**할 수 있습니다. 또한 확대된 상태에서 Alt 키를 누르고 마우스를 드래그하면 표시 범위를 변경할 수 있습니다(확대 표시를 종료하면 원래의 표시 영역으로 돌아옵니다).

플레이 모드 설정

Play in Window 버튼을 클릭하여 게임 실행 시 화면 옵션을 설정합니다.

Focus	에디터가 플레이 모드에 있는 동안 선택한 게임 뷰로 포커스가 이동합니다.	
VSync(Game view only)	게임 뷰가 플레이 모드에 있는 동안에만 VSync를 활성화시킵니다.	
Enter Play Mode	에디터가 플레이 모드에 들어갈 때의 동작을 설정합니다.	
	Play in Window	게임 뷰가 현재 크기 그대로인 상태로 플레이 모드를 실행합니다.
	Maximized	게임 뷰가 편집 창의 100%로 최대화된 플레이 모드를 실행합니다.
	Fullscreen	게임 뷰가 전체 화면으로 플레이 모드를 실행합니다.

▶ 플레이 모드 설정

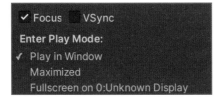

음소거

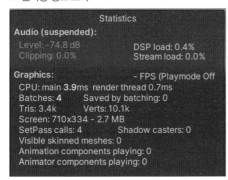(Mute Audio)를 활성화하면 BGM이나 효과음 등이 재생되지 않습니다.

상태

Stats를 활성화하면 렌더링 통계가 표시됩니다. 게임을 실행할 기기의 메모리 사용이나 렌더링 부담 등 게임 퍼포먼스의 최적화에 도움이 되는 정보를 확인할 수 있습니다.

▶ 렌더링 정보 표시

각종 표시 설정

Gizmos를 활성화하면 게임 뷰에 카메라나 라이트 등을 표시하는 아이콘이 나타납니다. 또한 Gizmos의 오른쪽에 있는 ▼를 클릭하면 나타나는 드롭다운 리스트에서 인스펙터 창에 표시될 컴포넌트의 상태를 선택할 수 있습니다(리스트에서 체크를 해제한 컴포넌트는 접힌 상태로 표시됩니다). 컴포넌트는 뒤에서 자세히 설명합니다.

▶ 각종 표시 설정

체크한 항목은 인스펙터 창에
펼쳐진 상태로 표시됩니다.

기즈모 리스트에서 체크되어 있을 때

컴포넌트 이름 왼쪽의 ▶를
클릭하면 펼쳐집니다.

기즈모 리스트에서 체크되어 있지 않을 때

2.1.2 씬 뷰

씬Scene 뷰는 게임을 구성하는 각 오브젝트의 위치나 크기 등을 설정하기 위한 편집 화면입니다. 이 화면을 확인하면서 게임을 만들어갑니다. 따라서 게임 제작을 위한 메인 화면이라고 할 수 있습니다.

▶ 씬 뷰

씬 뷰의 컨트롤 바

씬 뷰의 상단에는 씬의 표시를 설정하기 위한 컨트롤 바가 있습니다. 각각의 컨트롤은 사용자가 원하는 대로 배치하여 사용할 수 있습니다.

▶ 씬 뷰의 컨트롤 바

▶ 컨트롤 바를 펼친 모습

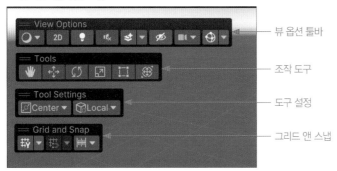

뷰 옵션 툴바

씬 표시를 설정하고 조명 및 오디오 등을 설정하기 위한 컨트롤 바입니다. 이 설정은 씬 뷰에만 영향을 주며 결과물에는 영향을 주지 않습니다.

▶ 보기 설정

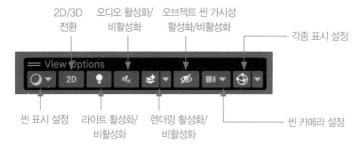

씬 표시 설정

맨 앞의 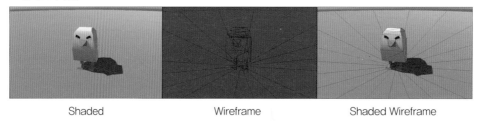을 클릭하면 나타나는 드롭다운 리스트에서 **씬 뷰의 표시 형식**을 선택할 수 있습니다 (버튼 표시는 선택한 내용에 따라 변합니다).

초기 설정인 Shaded는 텍스처만 표시합니다. 와이어프레임만 표시하는 설정인 Wireframe, 텍스처와 와이어프레임 모두 표시하는 설정인 Shaded Wireframe도 있습니다.

▶ 씬의 표시 설정

| Shaded | Wireframe | Shaded Wireframe |

그 밖의 설정에 대해서는 다음 표를 참고해주세요(여기서 설정하는 항목 대부분은 좀 더 깊이 있는 개발에 필요합니다. 이 책에서는 다루지 않습니다).

▶ 씬 표시 설정

Shading Mode	Shaded: 텍스처만 표시합니다.
	Wireframe: 와이어프레임만 표시합니다.
	Shaded Wireframe: 텍스처와 와이어프레임 모두 표시합니다.
Miscellaneous	Shadow Cascades: 씬 뷰에 라이트의 섀도 캐스케이드를 표시합니다.
	Render Paths: 씬 뷰의 각 오브젝트 렌더링 패스를 색깔별로 표시합니다.
	Alpha Channel: 씬 뷰의 각 오브젝트를 알파값으로 렌더링합니다.
	Overdraw: 씬 뷰의 각 오브젝트가 투명하게 그려집니다. 오브젝트의 겹침을 확인할 때 사용합니다.
	Mipmaps: 씬 뷰의 각 오브젝트에 추가한 텍스처 크기가 크면 붉은색으로, 적절하면 파란색으로 표시합니다.
	Texture Streaming: Texture Mipmap Streaming 시스템에 의해 실제로 메모리에 로드되고 있는 레벨의 밉맵을 표시합니다.
	Sprite Mask: 마스크의 윤곽만 표시합니다.
Deferred	Albedo: 알베도(외부로부터의 반사광) 정보를 표시합니다.
	Specular: 스페큘러(거울 면으로부터의 반사광) 정보를 표시합니다.
	Smoothness: 빛을 부드럽게 반사합니다.
	Normal: 법선을 표시합니다.
Global Illumination	Systems: 씬 뷰의 각 오브젝트가 시스템에 의해 재분할되어 연산 상태를 미리 알 수 있습니다.
	Clustering: 클러스터 출력을 표시합니다.
	Lit Clustering: 간접광의 클러스터 출력을 표시합니다.
	UV Charts: GI 계산에 최적화된 UV 레이아웃을 표시합니다.
	Contributors/Receivers: GI의 Light Map이나 Light Probes의 영향을 표시합니다.
Realtime Global Illumination	Albedo: GI(global illumination, 광역 조명)를 계산하기 위한 알베도를 표시합니다.
	Emissive: 씬 뷰의 각 오브젝트에서 GI 계산에 영향을 끼치는 발광성 오브젝트를 표시합니다.
	Indirect: 간접광을 표시합니다.
	Directionality: 방사 조도와 일치하는 방향 정보를 표시합니다.
Baked Global Illumination	Baked Light map: 베이크된 라이트맵을 표시합니다.
	Directionality: 베이크된 GI의 방사 조도와 일치하는 방향 정보를 표시합니다.
	Shadowmask: 섀도 마스크를 유효화합니다.
	Albedo: GI를 계산하기 위한 알베도를 표시합니다.
	Emissive: 씬 뷰의 각 오브젝트에서 GI 계산에 영향을 끼치는 발광성 오브젝트를 표시합니다.

Baked Global Illumination	UV Charts: GI 계산에 최적화된 UV 레이아웃을 표시합니다.
	Text Validity: 베이크된 GI를 계산하기 위한 최적화된 텍스트 정보를 표시합니다.
	UV Overlap: UV의 겹침을 표시합니다.
	Baked Lightmap Culling : 미리 계산된 Lighting culling을 표시합니다.
	Lightmap Indices: 베이크된 광 유발을 표시합니다.
	Light Overlap: 빛의 중첩을 표시합니다.
Material Validation	Validate Albedo: PBR(물리적으로 올바른 렌더링)의 머티리얼 알베도 설정의 타당성을 확인합니다.
	Validate Metal Specular: PBR의 머티리얼 메탈 스페큘러 설정의 타당성을 확인합니다.

2D와 3D 전환

2D를 클릭하면 씬 뷰를 2D 표시로 전환합니다. 씬 뷰를 2D로 표시하면 **정면에서 바라본 상태**가 됩니다. 또한 씬 뷰 오른쪽 상단에 표시되는 씬 기즈모가 사라집니다(씬 기즈모는 뒤에서 설명합니다).

▶ 2D/3D의 전환

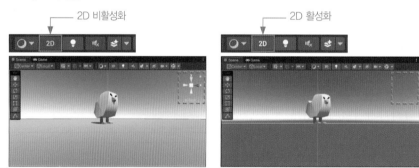

라이트 활성화/비활성화

조명 설정 아이콘을 활성화하면 **씬 뷰의 각 오브젝트가 빛의 영향을 받게 됩니다**(기본값은 활성화되어 있습니다).

▶ 라이트 활성화/비활성화

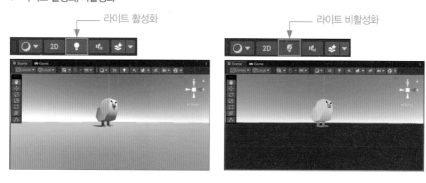

오디오 활성화/비활성화

오디오 설정 아이콘을 활성화하면 씬 뷰의 BGM이나 효과음 등 오디오 요소에서 소리가 나게 됩니다.

렌더링 활성화/비활성화

렌더링 설정 아이콘을 활성화하면 스카이박스Skybox[1] 등 GUI 요소를 씬 뷰에 렌더링Rendering[2]합니다. 설정 가능한 GUI 요소는 다음 표를 참고하세요.

▶ 렌더링 설정 항목

Skybox	스카이박스를 씬 뷰에 반영하여 렌더링할지 여부
Fog	포그(안개 표현)를 씬 뷰에 반영하여 렌더링할지 여부
Flares	플레어(렌즈 플레어)를 씬 뷰에 반영하여 렌더링할지 여부
Always Refresh	애니메이션이 적용되어 있는 머티리얼을 씬 뷰에 반영하여 렌더링할지 여부
Post Processing	이미지 이펙트(카메라에 필터를 설정하여 표현하는 방식)를 씬 뷰에 반영하여 렌더링할지 여부
Particle Systems	씬 뷰에서 파티클을 재생해서 렌더링할지 여부

렌더링 설정 아이콘을 클릭하면 모든 항목이 활성화됩니다. 아이콘 오른쪽의 ▼ 버튼을 클릭하면 나타나는 드롭다운 리스트에서 개별적으로 설정할 수 있습니다.

---

1 게임에서 하늘을 표현하기 위한 머티리얼입니다. 게임의 씬을 반구 모양으로 덮고 있습니다. Windows → Rendering → Lighting Settings 메뉴에서 스카이박스를 설정할 수 있습니다.
2 데이터 기반으로 화면상에 3D 오브젝트를 그리는 것을 말합니다. 3D 오브젝트를 그리기 위한 소프트웨어나 시스템을 렌더링 엔진(Rendering Engine) 또는 렌더러(Renderer)라고 합니다.

다음 그림의 씬 뷰를 살펴보면 왼쪽은 스카이박스 등의 렌더링이 활성화되어 있지만 오른쪽은 어둡게 표시되어 있습니다(체크 해제된 항목이 하나라도 있으면 아이콘은 비활성화 상태로 표시됩니다. 초기 설정은 스카이박스 등의 항목이 활성화되어 있습니다).

▶ 렌더링 활성화/비활성화

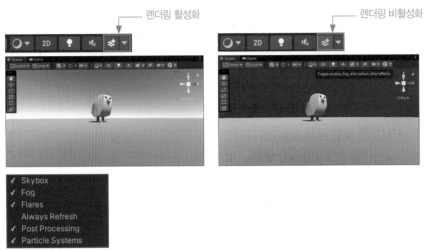

오브젝트 씬 가시성 활성화/비활성화

게임 오브젝트에 대한 씬 가시성의 활성/비활성을 설정합니다. 씬 가시성은 계층 창에서 설정할 수 있습니다. 가시성 설정은 씬에만 영향을 주기 때문에 오브젝트를 비활성으로 하는 것보다 더 편리하며 불필요한 작업을 줄일 수 있습니다.

계층 창에서 병아리 오브젝트에는 가시성을
설정하고 바닥에는 설정하지 않은 경우

▶ 씬 가시성 활성/비활성

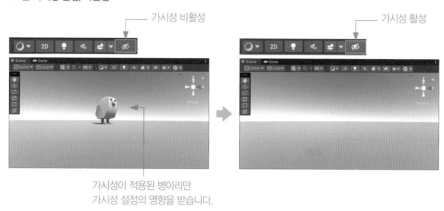

가시성이 적용된 병아리만
가시성 설정의 영향을 받습니다.

씬 카메라 설정

씬 뷰를 표시하는 카메라를 설정할 수 있습니다.

각종 표시 설정

인스펙터 창에 표시되는 컴포넌트의 상태를 설정합니다. 표시 설정은 게임 뷰에서와 같습니다.
게임 뷰의 각종 표시 설정 부분을 참고하세요.

조작 도구

오브젝트를 이동하거나 크기를 변경하는 도구입니다. 도구를 선택(클릭)한 상태에서 씬 뷰의
오브젝트를 마우스 드래그 등의 동작으로 다룹니다. 자세한 내용은 뒤에서 설명합니다.

▶ 조작 도구

도구 설정

트랜스폼 도구 기즈모의 위치와 기즈모 자체를 조작할 때 사용하는 핸들의 위치를 정의하는 데 사용합니다.

▶ 도구 설정

포지션 – Center/Pivot 버튼

오브젝트에 부모–자식 관계를 설정하면 씬 뷰에서 부모 오브젝트를 조작(이동, 회전, 크기 변경 등)할 때 자식 오브젝트도 함께 변경됩니다(오브젝트의 부모–자식 관계에 대해서는 뒤에서 설명합니다). Center/Pivot 버튼은 이러한 상황에서 기준점을 변경합니다(버튼을 클릭할 때마다 Pivot과 Center가 전환됩니다).

부모 오브젝트를 선택한 뒤 Center를 선택하면 부모 오브젝트와 자식 오브젝트의 중앙이 기준점이 되고, Pivot을 선택하면 부모 오브젝트의 중심이 기준점이 됩니다.

▶ 포지션 – Center/Pivot 버튼

Center

이동이나 회전의 기준점이 부모 오브젝트와 자식 오브젝트의 중간 지점에 위치합니다.

이동이나 회전의 기준점이 부모 오브젝트와 자식 오브젝트의 중간 지점에 위치합니다. 부모 오브젝트를 선택한 상태에서 기준점을 움직이면(이동, 회전 등) 자식 오브젝트도 함께 움직입니다. 하지만 부모 오브젝트의 위치는 자식 오브젝트를 움직여도 변하지 않습니다.

Pivot

이동이나 회전의 기준점이 부모 오브젝트에 위치합니다.

부모 오브젝트   자식 오브젝트

오브젝트의 부모-자식 관계

특정 오브젝트에 다른 오브젝트를 연결하여 취급하는 것을 부모-자식 관계라고 합니다. 연결된 오브젝트가 '부모'이고 연결한 오브젝트가 '자식'입니다. 오브젝트를 부모-자식 관계로 맺은 상태에서 부모 오브젝트를 변경하면 자식 오브젝트에도 변경 사항이 똑같이 적용됩니다. 오브젝트를 부모-자식 관계로 만들어 여러 오브젝트를 동시에 움직이거나 위치를 조정할 수 있습니다.

오브젝트를 부모-자식 관계로 하기 위해서는 계층 창에서 자식 오브젝트를 부모 오브젝트로 드래그 앤 드롭합니다.

▶ 부모-자식 관계로 설정하기

자식 오브젝트를 부모 오브젝트로 드래그 앤 드롭합니다.

부모-자식 관계로 설정됩니다.

회전 - Local/Global 버튼

씬 뷰에서 오브젝트를 조작할 때 기준이 되는 좌표축을 전환합니다(버튼을 클릭할 때마다 Local과 Global이 전환됩니다). Global을 선택하면 씬 전체를 기준으로 한 절대 좌표축이 기준으로 적용되며, Local을 선택하면 오브젝트 자신이 기준 좌표축으로 됩니다.

▶ 회전 - Local/Global 버튼

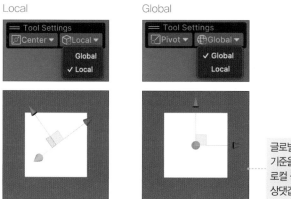

글로벌 공간은 [x:0, y:0, z:0]을 원점으로 해서 기준을 잡아 위치 등을 지정하는 방법입니다. 로컬 공간은 원점과 별개로 기준을 잡아 그에 대한 상댓값으로 위치 등을 지정하는 방법입니다.

그리드 앤 스냅

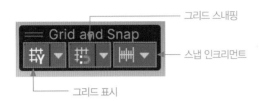

그리드 스내핑

스냅 인크리먼트

그리드 표시

그리드 표시	씬 뷰에 X, Y, Z 축 방향으로 그리드 선을 표시할 수 있습니다. Opacity 값을 조정하여 투명도를 설정할 수도 있습니다.
그리드 스내핑	오브젝트를 이동할 때 설정된 스내핑 축으로 스내핑합니다. 그리드 스내핑은 이동 도구를 사용할 때 도구 설정의 회전이 Global이어야 동작합니다.
스냅 인크리먼트	오브젝트의 이동, 회전, 크기 변경 도중에 커맨드키(윈도우즈는 컨트롤키)를 누르면 각 동작에 대해서 인크리먼트에 설정된 값으로 스내핑됩니다

씬 기즈모

3D 모드에서는 씬 뷰 오른쪽 상단에 **씬 기즈모**가 표시됩니다. 이것을 클릭하면 **90도씩 시점을 회전**할 수 있습니다. 씬 기즈모에는 빨강, 초록, 파랑의 원뿔이 있으며 각각 x, y, z 문자가 적혀 있습니다. 이것은 씬 뷰의 좌표(X: 가로 방향, Y: 세로 방향, Z: 깊이)에 해당합니다. 씬 기즈모의 원뿔을 클릭하면 씬 뷰의 표시 방향이 변경되어 오브젝트를 여러 각도에서 확인할 수 있습니다.

▶ 씬 기즈모

원뿔 모양을 클릭하면 정면에서
바라보는 방향으로 바뀝니다.

▶ **오브젝트의 방향 바꾸기**

원뿔 클릭   오브젝트가 90도씩 회전합니다.

중앙의 정육면체를 클릭하면 Z축(깊이) 방향의 거리가 무시되고 다시 클릭하면 원래대로 돌아옵니다.

▶ 씬 기즈모 중앙을 클릭했을 때의 차이

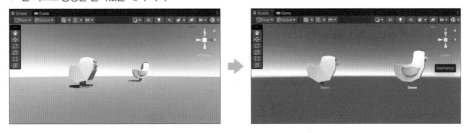

패키지 매니저와 애니메이터

씬 뷰(게임 뷰) 상단에는 Package Manager 탭이 표시될 수 있습니다(탭 표시 여부는 사용자가 설정할 수 있습니다).

패키지 매니저는 프로젝트에 추가할 에셋을 관리하는 창입니다. 에셋 스토어에서 구입한 에셋을 프로젝트에 추가하거나 유니티에서 제공하는 추가 기능, 개발 중인 기능을 사용해볼 수 있습니다.

▶ 패키지 매니저

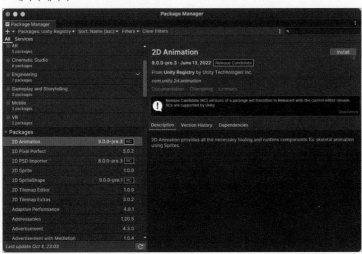

또한 게임 제작 과정에서 Animator 탭이 추가될 수도 있습니다. 애니메이터 창은 캐릭터 등에 애니메이션을 추가하기 위한 시스템을 다루는 화면입니다.

▶ 애니메이터 창

각각의 창은 Window 메뉴에서 열 수 있습니다. 창을 열면 각 창이 탭으로 추가됩니다.

2.1.3 계층 창

계층Hierarchy 창에는 게임을 구성하는 오브젝트가 표시됩니다. 계층 창에 표시된 오브젝트는 씬 뷰에도 표시됩니다.

▶ 계층 창

프로젝트를 만든 후 오브젝트를 추가한 상태입니다.
새로운 프로젝트에는 일반적으로 Main Camera와
Directional Light만 배치되어 있습니다.

2.1.4 프로젝트 창

프로젝트Project 창에는 게임에서 사용되는 3D 모델이나 2D 그래픽, 음악, 텍스처, 스크립트, 애니메이션 등 게임을 형성하는 요소가 포함되어 있습니다. 각 리소스는 폴더나 계층 구조로 관리할 수 있습니다.

유니티에서 하나의 게임은 하나의 **프로젝트로 만들어집니다.** 프로젝트의 실체는 폴더이고 그 안에는 게임 진행에 필요한 데이터나 정보가 담겨 있습니다. 게임 안에서 사용하는 데이터는 프로젝트 폴더 아래에 있는 Assets 폴더 안에 담아둡니다.

유니티 프로젝트에 외부 모델이나 음악 데이터, 텍스처 데이터를 추가할 때는 **프로젝트 창으로 드래그 앤 드롭**해서 추가합니다. 프로젝트 창 왼쪽 상단에 있는 +를 클릭하면 나타나는 드롭다운 리스트에서 에셋을 새롭게 추가할 수도 있습니다(창 안에서 우클릭하여 Create를 클릭하면 동일한 작업을 할 수 있습니다).

▶ 프로젝트 창

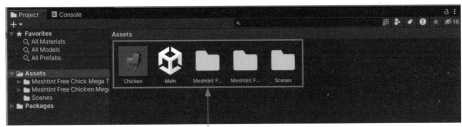

게임에서 사용할 데이터(에셋)가 모두 표시됩니다.

유니티의 오브젝트

유니티는 캐릭터나 배경 같은 리소스, 메시지를 표시하기 위한 텍스트 등 게임을 구성하는 요소를 모두 **오브젝트로** 인식합니다(유니티 매뉴얼에서는 GameObject라고 말하기도 합니다). 게임에 나오는 플레이어나 적 등의 등장인물은 오브젝트(**GameObject**)입니다. 또한 게임에 빛을 주는 조명이나 게임을 보이게 하는 카메라 등 게임 세계에 보이지 않는 오브젝트도 있습니다(게임 화면에는 나타나지 않아도 게임에 오브젝트로 존재합니다.

다른 관점으로 설명하자면, 유니티에서는 계층 창에 포함할 수 있는 것을 오브젝트라고 말합니다. 반면 단독으로 계층 창에 포함할 수 없는 것은 에셋이라고 부릅니다. 예를 들어 모델 데이터에 적용하는 텍스처나 스크립트 등의 리소스는 에셋입니다(오브젝트나 에셋을 설정하는 방법은 3장에서 배웁니다).

2.1.5 인스펙터 창

인스펙터Inspector 창에서는 각 오브젝트에 설정된 위치나 각도, 크기, 충돌 판정, 물리 설정 등의 정보를 확인하거나 편집할 수 있습니다(충돌 판정과 물리 설정은 3장에서 배웁니다). 유니티에서는 이러한 오브젝트를 설정하기 위한 기능을 **컴포넌트**라고 말합니다. **계층 창에서 선택한 오브젝트의 컴포넌트 정보는 인스펙터 창에서 확인 및 편집할 수 있습니다.** 또한 유니티에는 다양한 기능의 컴포넌트가 마련되어 있으며 **인스펙터 창을 통해 오브젝트에 컴포넌트를 추가할 수 있습니다.**

오브젝트에는 그 종류에 따라 몇 가지 컴포넌트가 기본적으로 설정되어 있습니다. 위치나 회전, 크기 등의 정보를 가진 Transform 컴포넌트는 모든 오브젝트가 가지는 최소한의 컴포넌트입니다. 다음 그림은 Main Camera의 인스펙터 창입니다. 인스펙터 창에 표시되는 내용은 선택한 오브젝트에 따라 다릅니다.

▶ 인스펙터 창

Transform 컴포넌트

▶를 클릭하면 컴포넌트의 상세 정보를 펼치거나 접을 수 있습니다.

2.1.6 콘솔 창

콘솔Console 창은 게임 실행 시 발생하는 에러나 경고, 로그 등을 표시합니다. 창 상단의 탭을 누르면 프로젝트 창과 콘솔 창을 전환하여 표시할 수 있습니다.

▶ 콘솔 창

화면 배치 변경하기

유니티 에디터의 창이나 뷰 배치는 자유롭게 설정할 수 있습니다. 몇 가지 프리셋이 미리 마련되어 있으며 창이나 뷰의 탭 부분을 드래그하여 원하는 위치에 사용자가 직접 배치할 수 있습니다. 이동시킨 후 원래 위치로 되돌리고 싶을 때는 인스펙터 창 상단에 있는 Layout 버튼을 눌러 Default 등의 패턴을 선택합니다.

▶ 레이아웃 설정

▶ 레이아웃의 패턴

Default

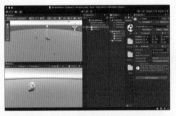

2 by 3

4 Split

Tall

Wide

2.1.7 그 밖의 버튼과 메뉴

실행 도구

작성 중인 **게임을 실행**하기 위한 도구입니다. 플레이 버튼을 클릭하면 게임 뷰에서 게임이 실행되며 다시 한 번 클릭하면 정지합니다. 일시 정지 버튼을 누르면 일시 정지합니다. 스텝 버튼으로 게임을 프레임 단위로 확인할 수 있습니다.

▶ 실행 도구

그 밖의 버튼

- Account: 유니티 계정으로 로그인하거나 Plus/Pro 버전으로 업그레이드할 수 있습니다.
- Cloud: 클릭하면 Unity Service 창이 열립니다.
- Unity Version Contol(구 Plastic SCM): 팀원끼리 프로젝트 데이터를 공유할 수 있게 합니다.
- Undo History: 클릭하면 에디터에서 수행한 작업을 확인하거나 실행 취소, 다시 실행 등을 할 수 있습니다.
- 검색: 클릭하면 유니티와 관련된 정보, 에셋, 패키지 등을 검색할 수 있습니다.
- Layers: 클릭하면 나타나는 드롭다운 리스트에서 씬 뷰에 표시할 레이어를 선택할 수 있습니다(체크를 해제한 레이어는 비표시 상태가 됩니다).
- Layout: 클릭하면 나타나는 드롭다운 리스트에서 유니티 에디터의 레이아웃을 선택할 수 있습니다. 리스트의 선택 항목에 따라 버튼 이름이 바뀝니다(자세한 내용은 59쪽 '화면 배치 변경하기' 글상자를 참고하세요).

메뉴

유니티 화면 상단에는 다양한 동작을 위한 메뉴가 마련되어 있습니다. 영어로 표시되어 있지만 File, GameObject 등 대부분 기능을 한눈에 알 수 있는 이름입니다. 각 메뉴를 다음 표에 정리했습니다.

Unity	유니티의 버전이나 라이선스 관리, 환경 설정 등을 할 수 있습니다(macOS만 해당).
File	프로젝트나 씬의 파일에 대한 각종 설정을 합니다. 게임 빌드도 파일 메뉴에서 합니다.
Edit	유니티의 각종 설정을 합니다.
Assets	에셋을 프로젝트에 포함시키는 등 에셋 관련 설정을 합니다.
GameObject	게임에 배치할 기본 도형을 추가하는 등 게임 오브젝트 관련 설정을 합니다.
Component	각 게임 리소스에 대한 게임 요소를 설정합니다.
Window	각종 뷰의 선택 등을 합니다. 에셋 스토어에 접속할 수 있습니다.
Help	공식 매뉴얼이나 레퍼런스 사이트에 접속할 수 있습니다.

Unity 메뉴는 macOS 버전에만 있고 윈도우 버전에는 없습니다. 윈도우 버전에서는 Unity 메뉴에 해당하는 내용이 다른 메뉴에 할당되어 있습니다. 또한 프로젝트에 추가한 에셋에 따라 메뉴 바의 항목이 변하는 경우도 있습니다.

2.2 기본적인 조작 방법

지금부터는 기본적인 유니티 조작 방법을 설명합니다.

2.2.1 유니티로 게임을 만드는 순서

유니티로 게임을 만드는 첫 번째 순서는 **프로젝트를 만드는 것**입니다. 프로젝트를 만들면 그에 해당하는 프로젝트 폴더가 만들어지고 그 아래에 프로젝트(게임)에 필요한 파일이 저장됩니다.

유니티에서는 게임 화면을 씬으로 관리합니다. **하나의 게임 화면에는 하나의 씬이 필요합니다**(씬의 개수는 만드는 게임의 규모에 따라 다릅니다).

씬은 수많은 **오브젝트(GameObject)**로 이루어집니다. 오브젝트에는 **컴포넌트**를 추가하거나 설정하여 기능을 부여(제어)합니다.

▶ 유니티 게임의 데이터 구조

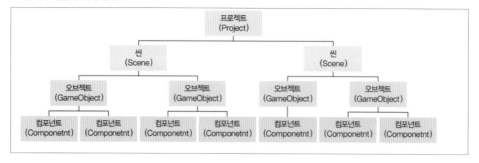

유니티에서는 다음 순서로 게임을 만들게 됩니다.

1. 프로젝트와 씬 만들기
2. 씬에 오브젝트 배치하기
3. 오브젝트(컴포넌트) 설정하기

프로젝트나 씬을 만드는 방법은 3장 이후의 예제에서 자세히 설명합니다.

2.2.2 프로젝트와 씬 만들기

유니티에서 게임을 만드는 첫 번째 순서는 **프로젝트를 만드는 것입니다.** 2D와 3D 게임을 각 사양에 맞는 프로젝트로 생성합니다.

프로젝트를 만들면 동시에 씬도 만들어집니다. 만들어진 씬은 이름이 없으므로 **이름을 정하여 씬을 저장해둡니다.** 프로젝트를 만드는 방법은 3장 이후의 예제에서 자세히 설명합니다.

2.2.3 씬에 오브젝트 배치하기

씬에 오브젝트를 배치하기 위해 계층 창에 오브젝트를 추가합니다. 다음은 계층 창에 오브젝트를 추가하는 방법입니다

- 프로젝트 창에서 드래그 앤 드롭하기
- 계층 창에서 + 버튼으로 만들기
- 스크립트(프로그래밍)로 만들기

2장에서는 첫 번째와 두 번째 방법을 설명합니다. 스크립트로 만드는 세 번째 방법은 4장에서 설명합니다.

드래그 앤 드롭하기

프로젝트 창에는 게임에서 사용할 데이터(에셋)가 등록되어 있습니다. **프로젝트 창에서 계층 창으로 드래그 앤 드롭**하여 씬(게임 화면)에 오브젝트를 배치할 수 있습니다.

에셋을 외부에서 프로젝트에 추가할 때도 프로젝트 창으로 드래그 앤 드롭합니다(또는 Assets 메뉴에서 임포트합니다). 가져온 데이터(에셋)는 프로젝트 창의 Assets 폴더에 저장됩니다. 드래그 앤 드롭으로 가져올 경우에도 프로젝트 창의 Assets 폴더에 위치시키기 바랍니다.

▶ 프로젝트 창에서 계층 창으로 드래그 앤 드롭하기

프로젝트 창에서 계층
창으로 드래그 앤 드롭

▶ 프로젝트 창으로 외부 데이터 드래그 앤 드롭하기

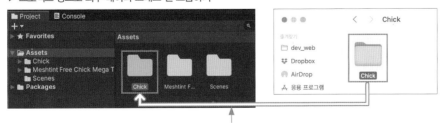

외부 데이터를 프로젝트 창의
Assets 폴더로 드래그 앤 드롭

또한 프로젝트 창에서 직접 에셋을 만들거나(에셋을 만드는 방법은 3장에서 자세히 설명합니다) 에셋 스토어에서 에셋을 구매하여 추가할 수도 있습니다(에셋 스토어는 6장에서 자세히 설명합니다).

+ 버튼으로 만들기

계층 창에 있는 + 버튼을 클릭하면 유니티에 표준으로 마련된 오브젝트 목록이 나타나는데 그 중에서 선택하여 오브젝트를 만들 수 있습니다.

▶ + 버튼으로 만들기

유니티에는 **기본 도형**으로 정육면체나 구체 등의 오브젝트가 마련되어 있습니다. 기본 도형을 사용하면 게임의 스테이지 등을 간단하게 만들 수 있습니다(+ 버튼으로 오브젝트를 만드는 방법은 3장에서 자세히 설명합니다).

유니티에서 사용할 수 있는 기본 도형

유니티에는 다음 그림과 같은 기본 도형이 있습니다. 이러한 도형만으로도 게임을 만들 수 있습니다. 이 책에서 도 다양한 장면에서 기본 도형을 활용합니다.

▶ 주요 기본 도형(3D)

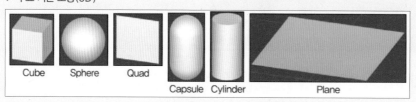

2.2.4 오브젝트(컴포넌트) 설정하기

씬 뷰에 표시된 오브젝트는 마우스로 드래그하여 위치나 각도, 크기 등을 자유롭게 변경할 수 있습니다.

시점 변경하기

조작 도구 중 손 도구를 선택(클릭)한 상태에서 씬 뷰의 화면을 드래그하면 편집 중인 화면의 시점을 변경할 수 있습니다. 이것은 시점을 변경할 뿐 실제 오브젝트의 위치가 이동한 것은 아닙니다. 또한 마우스 휠을 사용하여 확대 또는 축소할 수도 있습니다.

▶ 편집 중인 화면의 시점 변경하기

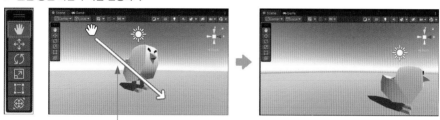

드래그한 만큼 화면이 평행 이동합니다.

시점 회전하기

손 도구가 선택된 상태에서 Option(macOS) 또는 Alt 키(윈도우)를 누르면 손 도구가 눈 도구로 변합니다. 이 상태에서 마우스를 드래그하면 선택한 오브젝트를 중심으로 시점을 회전할 수 있습니다.

▶ 편집 중인 화면의 시점 회전하기

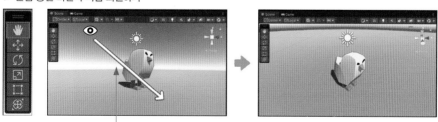

드래그한 만큼 화면이 회전합니다.

위치 이동하기

오브젝트를 선택한 상태에서 **이동 도구**를 클릭하면 오브젝트 이동을 위한 정육면체와 세 방향으로 향한 화살표가 표시됩니다. 화살표나 정육면체를 드래그하여 오브젝트를 움직일 수 있습니다.

▶ **오브젝트 이동하기**

 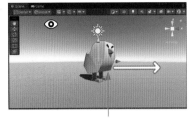 

드래그한 방향으로 오브젝트가 이동합니다.

씬 뷰에서 오브젝트의 위치는 'X: 가로축', 'Y: 세로축', 'Z: 깊이'로 표시됩니다(3D 게임의 경우입니다. 2D 게임에서는 'X: 가로축', 'Y: 세로축'으로 표시됩니다). 이동 도구의 화살표는 각각의 좌표축에 해당합니다. **화살표를 드래그하면 각 좌표축을 따라 오브젝트를 옮길 수 있습니다.** 씬 기즈모로 씬 뷰의 시점을 변경하면서 위치를 조정해보세요.

또한 **화살표 방향으로 드래그하면 값이 증가하고, 화살표 반대 방향으로 드래그하면 값이 감소합니다.** 위치를 나타내는 값^{Position}은 인스펙터 창에 표시되는 각 오브젝트의 Transform 컴포넌트에서 확인할 수 있습니다.

오브젝트의 위치는 인스펙터 창의 컴포넌트 값을 직접 변경하여 이동할 수도 있습니다(컴포넌트 값을 직접 변경하는 방법은 3장에서 자세히 설명합니다).

▶ **축을 변경하며 이동하기**

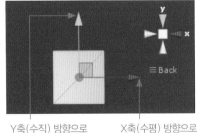 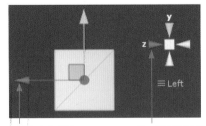

Y축(수직) 방향으로 이동시키기   X축(수평) 방향으로 이동시키기   Z축(깊이) 방향으로 이동시키기   씬 기즈모를 클릭하여 표시되는 방향 변경하기

▶ 위치를 나타내는 값 확인하기

Position 값은 오브젝트의 위치를 나타냅니다.
Rotation은 각도, Scale은 크기를 나타냅니다.

Local/Global 버튼 선택에 따라 오브젝트의 이동 방향이 변합니다.

▶ Global과 Local의 이동 방향

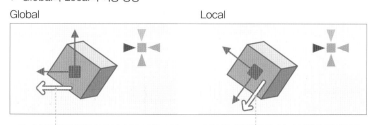

오브젝트가 씬의 좌표축을 따라 이동합니다.   오브젝트 자체의 방향을 따라 이동합니다.

오브젝트의 좌표 원점

오브젝트의 위치는 3D라면 'X, Y, Z'의 좌푯값으로 표시됩니다. 좌표 '0, 0, 0'은 씬의 중심 지점을 나타내며 원점입니다. 오브젝트를 정방향으로 이동하면 좌푯값이 증가하고, 반대 방향으로 이동하면 좌푯값이 감소합니다. 씬 기즈모에서 색이 있는 원뿔이 각 축의 정방향입니다.

오브젝트를 부모-자식으로 연결하면 자식 오브젝트의 위치는 부모 오브젝트의 위치를 원점으로 하여 상댓값으로 표시됩니다.

▶ 좌표의 값

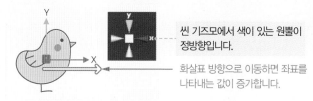

씬 기즈모에서 색이 있는 원뿔이
정방향입니다.

화살표 방향으로 이동하면 좌표를
나타내는 값이 증가합니다.

▶ 좌표의 원점

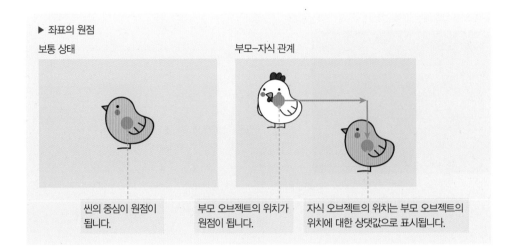

보통 상태

부모-자식 관계

씬의 중심이 원점이
됩니다.

부모 오브젝트의 위치가
원점이 됩니다.

자식 오브젝트의 위치는 부모 오브젝트의
위치에 대한 상댓값으로 표시됩니다.

각도 회전하기

오브젝트를 선택한 상태에서 **회전 도구**를 클릭하면 오브젝트를 회전시키기 위한 구 모양의 선
이 나타납니다. 선을 드래그하여 각 축으로 오브젝트를 회전시킬 수 있습니다.

▶ 오브젝트 회전시키기

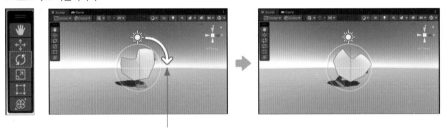

드래그한 방향으로 오브젝트가 회전합니다.

크기 변경하기

오브젝트를 선택한 상태에서 **확대/축소 도구**를 클릭하면, 오브젝트 크기를 변경하기 위해 끝이
사각형 모양인 화살표와 정육면체로 이루어진 도형이 나타납니다. 화살표 부분을 드래그하여
각 축으로 오브젝트를 확대 또는 축소할 수 있습니다(화살표 방향으로 드래그하면 확대되고
반대 방향으로 드래그하면 축소됩니다). 정육면체 부분을 드래그하면 오브젝트의 원래 비율을
유지하면서 확대 또는 축소할 수 있습니다.

▶ 오브젝트의 크기 변경

화살표 부분을 드래그한 경우

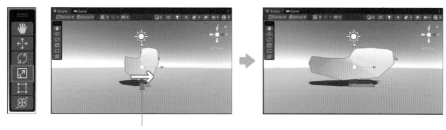

드래그한 좌표만 확대됩니다.

정육면체 부분을 드래그한 경우

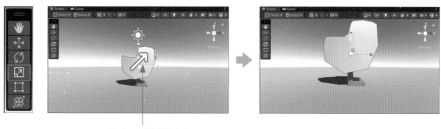

모든 좌표가 확대됩니다

렉트 도구

렉트Rect 도구는 오브젝트의 이동, 회전, 크기 변경을 동시에 할 수 있습니다. 주로 2D 오브젝트를 변경할 때 유용합니다.

오브젝트의 위치, 각도, 크기를 변경하면 오브젝트의 Transform 컴포넌트의 Position, Rotation, Scale 값도 변경됩니다. 마찬가지로 인스펙터 창에서 Transform 컴포넌트의 값을 변경하면 씬 뷰에 있는 오브젝트의 위치, 각도, 크기가 변합니다.

▶ 오브젝트의 크기 변경하기

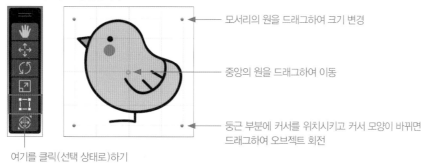

모서리의 원을 드래그하여 크기 변경

중앙의 원을 드래그하여 이동

둥근 부분에 커서를 위치시키고 커서 모양이 바뀌면 드래그하여 오브젝트 회전

여기를 클릭(선택 상태로)하기

유니티에서는 Transform 컴포넌트의 Position 값을 변경하여 오브젝트를 움직입니다. 오브젝트와 컴포넌트의 관계를 기억해둡시다. 컴포넌트에는 Transform 외에도 오브젝트의 색이나 질감과 같은 외관을 설정하거나 오브젝트에 중력을 설정하는 등 다양한 기능이 마련되어 있습니다. 각 컴포넌트에 대해서는 3장 이후 예제를 통해 사용법을 배울 것입니다.

이동, 회전, 크기 변경

트랜스폼 도구를 이용하면 이동, 회전, 크기를 한꺼번에 변경할 수 있습니다. 크기는 중앙의 정육면체를 드래그합니다. Local/Global 버튼을 Local로 설정하면 크기 변경을 위한 사각형 모양의 화살표도 표시됩니다.

▶ 이동, 회전, 크기 변경

카메라와 라이트

새롭게 프로젝트를 만들면 계층^{Hierarchy} 창에 Main Camera와 Directional Light라는 오브젝트가 자동으로 추가됩니다(3D 프로젝트에 해당합니다. 2D 프로젝트에서는 Main Camera만 추가됩니다).

Main Camera는 게임 화면을 표시하는 역할을 하는 오브젝트이고 Directional Light는 화면을 비추는 빛의 역할을 하는 오브젝트입니다. 카메라나 라이트는 위치나 방향을 자유롭게 설정할 수 있습니다.

유니티로 게임을 만들 때는 현실 세계와 마찬가지로 빛을 적용하여 오브젝트를 비춥니다(2D 게임에서는 라이트를 사용하지 않습니다). 목적에 따라서 다음 4가지 라이트를 사용할 수 있습니다.

▶ 라이트의 종류

Directional Light	태양처럼 설정한 방향에서 균일한 빛을 비추는 라이트
Point Light	배치한 장소에서 모든 방향으로 빛을 발하는 라이트
Spotlight	배치한 장소에서 특정한 방향으로 빛을 발하는 라이트
Area Light	광원이 사각형인 라이트(사용하기 위해서는 라이트 베이크[3]가 필요)

▶ 라이트의 종류

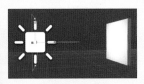

Area Light

Directional Light   Point Light   Spotlight

유니티 에디터의 기본 컬러

2020년 8월에 출시된 유니티 2021.1.7f1부터 에디터의 기본 컬러가 변경되었습니다.

유니티 에디터의 기본 컬러는 Unity → Preferences 메뉴(윈도우는 Edit → Preferences 메뉴)를 선택하면 나타나는 Preferences 다이얼로그의 General → Editor Theme에서 변경할 수 있습니다. 예전의 회색 컬러로 설정하려면 Light를 선택합니다.

▶ 유니티 기본 컬러

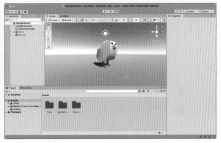

Dark   Light

---

3 베이크란 오브젝트가 움직이지 않는다는 전제하에서 조명에 의해 빛이 닿는 부분과 그림자가 생기는 부분을 미리 계산하는 것입니다.

CHAPTER 3

유니티 사용하기

| 3장에서 만들 예제 |

3장에서는 기본적인 유니티 조작 방법을 살펴보면서 간단한 '공 굴리기 게임'을 만들어보겠습니다. 유니티는 화면에 리소스를 배치하고 물리 동작을 설정하는 것만으로 간단한 3D 게임을 만들 수 있습니다. 게임을 만든다고 하면 어려울 것 같지만 유니티는 프로그램을 작성하지 않아도 기초적인 게임을 만들 수 있습니다. 이번 예제를 시작으로 유니티 세계를 체험해봅시다.

3장에서는 다음 내용을 배웁니다.

- 오브젝트를 배치하고 위치 설정하기
- 카메라를 설정하여 화면 변경하기
- 오브젝트에 물리적인 동작 추가하기
- 오브젝트의 색 변경하기
- 게임 실행해보기

▶ 3장에서 만들 예제의 완성 이미지

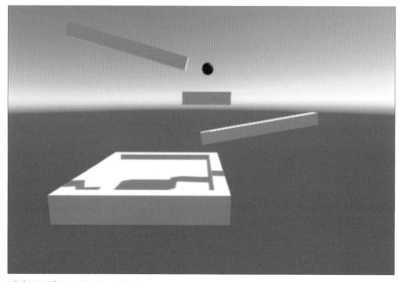

예제 프로젝트 → Rolling Ball
URL https://www.hanbit.co.kr/src/11078

3.1 프로젝트 만들기

먼저 프로젝트를 만듭니다. 프로젝트란 캐릭터나 사운드, 게임 설정 등 다양한 데이터를 묶어 둔 하나의 큰 폴더와 같습니다. 기본적으로 유니티에서 **하나의 게임은 하나의 프로젝트로 만듭니다**. 프로젝트는 유니티 허브에서 생성하며 몇 가지 항목을 설정하는 것만으로 손쉽게 만들 수 있습니다. 그러면 유니티 허브를 실행하여 프로젝트를 만들어봅시다.

3.1.1 새 프로젝트 만들기

유니티 허브 표시 언어 한국어로 변경하기

유니티 허브 화면에서 ⚙ 버튼을 클릭한 다음 팝업 창에서 Appearance → Language → 한국어를 선택하면 유니티 허브가 한국어로 표시됩니다.

유니티 허브를 실행하면 나타나는 창에서 Projects(또는 프로젝트)를 클릭하고 New projects(또는 새 프로젝트)를 클릭합니다. 그러면 새로운 프로젝트를 설정하는 화면이 나타납니다.

프로젝트 이름은 임의로 설정해도 상관없지만 **우선은 그림의 지시를 따라 작업을 진행합니다**. 유니티에 익숙해진 후 여러 가지 설정을 변경해보면서 자신만의 사용 방법을 연구해보면 좋을 것입니다.

1단계 새 프로젝트 클릭하기

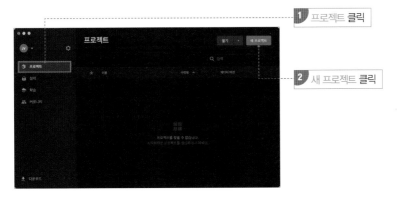

1 프로젝트 클릭

2 새 프로젝트 클릭

템플릿 선택 및 프로젝트 이름 설정하기

여러 버전의 유니티가 설치되어 있으면 버전을 선택하여 프로젝트를 생성할 수 있습니다.

1 에디터 버전 확인

2 템플릿 선택(3D)

3 프로젝트 이름 입력하기 → RollingBall

프로젝트 이름은 영문으로 설정하기를 추천합니다. 나머지 설정은 기본값으로 진행합니다.

4 저장 경로 지정하기(임의의 폴더)

5 프로젝트 생성(또는 Create project) 클릭

이것으로 새로운 프로젝트가 만들어졌습니다. 계층 창과 씬 뷰에 Main Camera와 Directional Light가 한 개씩 배치된 상태입니다(프로젝트 생성 화면에서 3D 템플릿을 선택한 경우).

지금부터 게임을 구성하는 오브젝트를 추가해나갑니다. 이 책에서는 유니티 계정으로 로그인한 상태를 전제로 작업을 진행합니다.

▶ 새롭게 만들어진 프로젝트

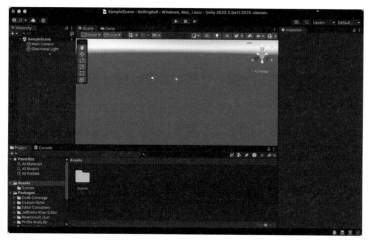

3.1.2 씬 저장하기

이어서 **씬을 저장**합니다. 씬은 게임을 구성하는 세계의 데이터이며 유니티의 게임 화면은 씬 단위로 관리됩니다. 유니티의 게임 화면 데이터란 계층 창과 씬 뷰에 표시되는 오브젝트를 말하는 것으로, 씬을 저장한다는 것은 그러한 게임 화면의 구성을 저장한다는 의미입니다.

새 프로젝트를 만들면 Main Camera와 Directional Light만 배치된 SampleScene이란 이름의 씬이 만들어집니다. 하지만 이번 예제에서는 씬의 이해를 돕기 위해 새로운 게임을 위한 씬을 추가합니다. **게임을 만드는 도중에 예기치 못한 상황이 발생할 수 있으므로 씬을 틈틈이 저장합시다.**

1단계 Save As 클릭하기

2단계 씬 이름 입력하기

씬을 저장하면 프로젝트 창의 Assets 폴더[1]에 씬 아이콘이 추가됩니다(프로젝트 창의 유니티

---

1 에셋(Asset)은 게임을 구성하는 최소 단위의 요소입니다. 캐릭터나 텍스처, 오디오 리소스도 에셋입니다. 게임을 만들 때 필요한 모든 것은 Assets 폴더에 저장합니다.

로고 아이콘은 씬 데이터를 의미합니다). 프로젝트 창 오른쪽 아래에 있는 슬라이드 바를 이용하여 아이콘의 크기를 조절할 수 있습니다.

▶ 씬이 저장되었다!

저장된 씬이 추가됩니다.

아이콘의 크기를 변경할 수 있습니다.

3.2 바닥과 벽 만들기

이제 실제로 오브젝트를 배치하여 공 굴리기 게임을 만들어봅시다. 먼저 공의 **목표 지점이 될 바닥과 벽**을 만듭니다.

3.2.1 시점 조절하기

오브젝트를 배치하기 전에 게임 세상을 보여주는 씬 뷰의 시점을 변경하여 좀 더 편하게 작업할 수 있도록 합시다.

씬 뷰 오른쪽 상단에 있는 씬 기즈모Scene Gizmo의 원뿔 부분을 클릭하여 **파란 원뿔(z)이 위쪽에, 빨간 원뿔(x)이 오른쪽**에 오도록 만듭니다.

▶ 씬의 방향 변경하기

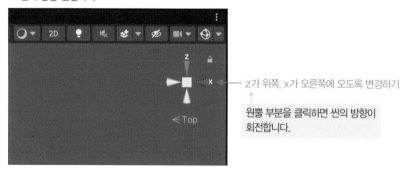

z가 위쪽, x가 오른쪽에 오도록 변경하기

원뿔 부분을 클릭하면 씬의 방향이 회전합니다.

3.2.2 바닥 만들기

먼저 공이 굴러갈 목표 지점이 될 바닥을 만듭니다. 바닥은 유니티에 미리 마련된 기본 도형 중 Cube를 이용해서 만듭니다.

1단계 Cube 추가하기

1 + 클릭

2 3D Object 클릭

3 Cube 클릭

Cube는 GameObject → 3D Object → Cube 메뉴를 선택해 추가할 수도 있습니다.

◀ Cube가 추가됩니다.

2단계 Cube의 위치, 각도, 크기 설정하기

1 Cube 클릭

값 부분을 클릭하면 값을 변경할 수 있습니다.

2 Transform 값 설정하기
Position → X:0 Y:0 Z:0
Rotation → X:0 Y:0 Z:0
Scale → X:10 Y:1 Z:10

3 단계 Cube 이름 변경하기

▶ 바닥 완성

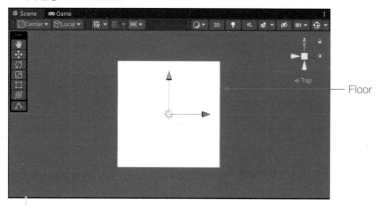

계층 창에서 Floor를 더블 클릭하면 Floor가 화면 중앙에 표시됩니다. 씬 뷰에서
오브젝트를 찾기 어려울 때는 계층 창에서 찾아봅시다. 또한 마우스 휠로 확대, 축소
하여 보기 편한 크기로 조정할 수 있습니다.

3.2.3 벽 만들기

이번에는 **목표 지점을 덮는 벽**을 만듭니다. 바닥과 같은 방법으로 이번에는 Cube를 4개 추가합
니다.

1단계 Cube 4개 추가하기

1 + 클릭

2 3D Object 클릭

3 Cube 클릭

← Cube가 추가됩니다.

같은 이름의 오브젝트를 여러 개 추가하면 Cube(1), Cube(2)처럼 이름 뒤에 번호가 붙습니다.

4 + → 3D Object → Cube를 반복하여 Cube를 3개 더 추가하기

2단계 Cube 이름 변경하기

이름을 변경하려면 오브젝트를 우클릭한 뒤 Rename을 선택합니다.

1 Cube의 이름 변경하기 → Wall1

오브젝트를 우클릭한 뒤 Delete를 선택하면 오브젝트를 제거할 수 있습니다.

2 나머지 Cube의 이름도 변경하기
Cube(1) → Wall2
Cube(2) → Wall3
Cube(3) → Wall4

3 단계 Wall1의 위치, 각도, 크기 설정하기

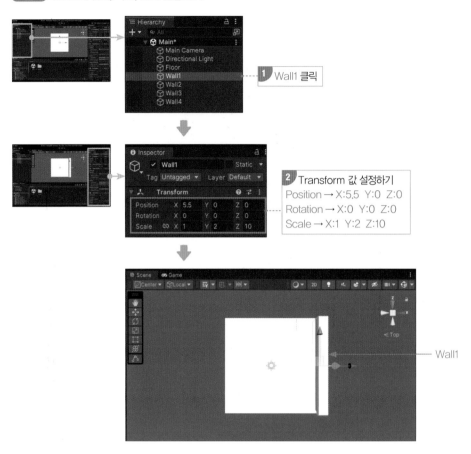

1 Wall1 클릭

2 Transform 값 설정하기
Position → X:5.5 Y:0 Z:0
Rotation → X:0 Y:0 Z:0
Scale → X:1 Y:2 Z:10

Wall1

4 단계 Wall2 ~ Wall4의 위치, 각도, 크기 설정하기

1 Wall2 클릭

2 Transform 값 설정하기
Position → X:-5.5 Y:0 Z:0
Rotation → X:0 Y:0 Z:0
Scale → X:1 Y:2 Z:10

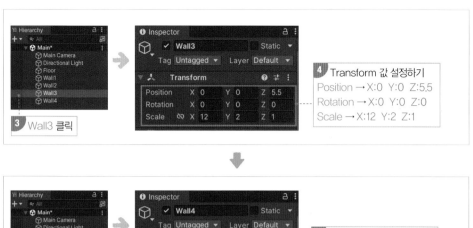

4 Transform 값 설정하기
Position → X:0 Y:0 Z:5.5
Rotation → X:0 Y:0 Z:0
Scale → X:12 Y:2 Z:1

3 Wall3 클릭

6 Transform 값 설정하기
Position → X:0 Y:0 Z:−5.5
Rotation → X:0 Y:0 Z:0
Scale → X:12 Y:2 Z:1

5 Wall4 클릭

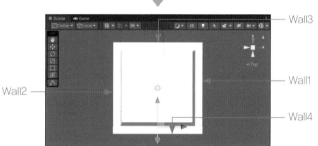

Wall3

Wall2

Wall1

Wall4

씬 안에서 오브젝트 위치 확인

씬 뷰에 있는 씬 기즈모는 씬의 방향을 표시합니다. X축 = 빨간색, Y축 = 초록색, Z축 = 파란색의 원뿔을 클릭하면 씬의 방향을 90°씩 움직여 씬 뷰의 오브젝트 상태를 확인할 수 있습니다.

Option키(macOS) 또는 Alt 키(윈도우)를 누른 상태에서 마우스를 드래그하면 방향을 자유롭게 움직일 수 있습니다. 대각선에서 바라본 상태도 확인할 수 있습니다. 여러 각도에서 오브젝트를 확인해봅시다. 또한 마우스 휠로 오브젝트를 확대 또는 축소해서 볼 수 있습니다.

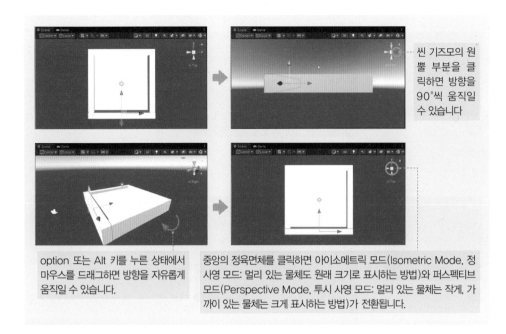

씬 기즈모의 원뿔 부분을 클릭하면 방향을 90°씩 움직일 수 있습니다

option 또는 Alt 키를 누른 상태에서 마우스를 드래그하면 방향을 자유롭게 움직일 수 있습니다.

중앙의 정육면체를 클릭하면 아이소메트릭 모드(Isometric Mode, 정 사영 모드: 멀리 있는 물체도 원래 크기로 표시하는 방법)와 퍼스펙티브 모드(Perspective Mode, 투시 사영 모드: 멀리 있는 물체는 작게, 가까이 있는 물체는 크게 표시하는 방법)가 전환됩니다.

3.2.4 카메라 변경하기

여기서 잠깐, 지금까지 만든 화면이 게임에서는 어떻게 보일지 확인해봅시다. 게임 화면에서 어떻게 보일지는 게임 뷰에서 확인할 수 있습니다.

씬 뷰의 상단에 보이는 Game 탭을 클릭하여 씬 뷰에서 게임 뷰로 변경합니다.

▶ 게임 뷰로 변경하기

1 Game 클릭

▶ 게임 뷰 확인하기

어떻게 보이나요? 무엇인가 보이기는 하지만 무엇인지 잘 알 수 없는 상태입니다. **게임 뷰에 보이는 것은 게임을 실행했을 때의 화면이므로 제대로 보이도록 변경해봅시다.**

게임 뷰가 이상하게 보이는 것은 게임 세상을 촬영하는 카메라가 잘못된 위치에 있기 때문입니다. 프로젝트를 만들었을 때 계층 창(하이어라키 창)에 처음부터 배치된 Main Camera가 현재 보이는 화면을 비추는 역할을 합니다. **Main Camera의 위치와 각도를 설정**하여 목표 지점이 제대로 화면에 나타나도록 변경해봅시다.

1단계 Main Camera의 위치와 각도 변경하기

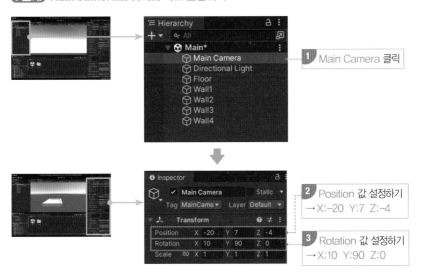

이제 카메라에서 본 시점이 변경되어 목표 지점의 바닥이 제대로 보입니다. 카메라의 위치나 각도를 변경하면 실제 게임 화면이 바뀝니다. 여러 각도와 위치를 시도해보고 가장 좋은 지점을 찾아보세요.

▶ 카메라가 변경되었다!

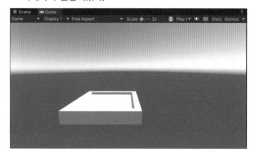

NOTE... 카메라로 어떻게 비추느냐에 따라 게임 분위기가 크게 달라집니다. 여러 위치와 각도를 시도하여 개성 있는 게임으로 만들어보세요.

Lighting 설정하기

화면이 어둡게 표시될 때는 Lighting을 설정하여 오브젝트가 제대로 표시되게 합시다. Lighting 설정은 Window → Rendering → Lighting에서 Generate Lighting을 클릭합니다.

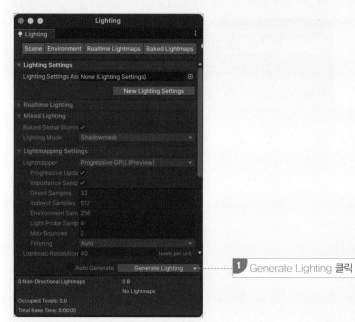

Lighting을 설정하면 프로젝트 창에 Main 폴더가 추가됩니다.

3.3 경사면 만들기

이번에는 공이 굴러갈 경사면을 만듭니다. 그전에 화면을 씬 뷰로 변경합니다.

▶ 씬 뷰로 변경하기

3.3.1 첫 번째 경사면 만들기

Cube를 추가하여 이름을 변경하고 위치, 각도, 크기를 설정합니다.

1단계 Slope1 추가하기

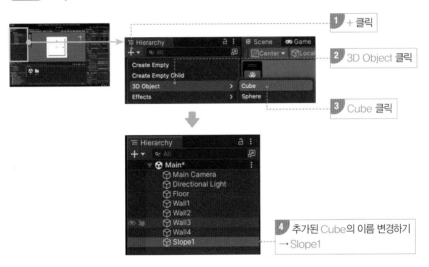

2 단계 Slope1의 위치, 각도, 크기 설정하기

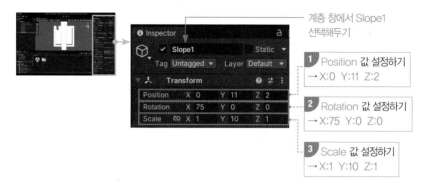

계층 창에서 Slope1
선택해두기

1 Position 값 설정하기
→ X:0 Y:11 Z:2

2 Rotation 값 설정하기
→ X:75 Y:0 Z:0

3 Scale 값 설정하기
→ X:1 Y:10 Z:1

게임 화면을 확인해봅시다. Game 탭을 클릭하여 게임 뷰로 변경합니다. 확인했으면 Scene 탭을 클릭하여 다시 씬 뷰로 돌아옵니다.

▶ 게임 뷰에서 결과 확인하기

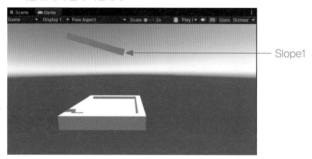

Slope1

3.3.2 두 번째 경사면 만들기

두 번째 경사면을 만들어봅시다. 두 번째 경사면도 Cube를 이용하여 만듭니다

1 단계 Slope2 추가하기

1 + 클릭

2 3D Object 클릭

3 Cube 클릭

4 추가된 Cube의 이름 변경하기
→ Slope2

2단계 SLope2의 위치, 각도, 크기 설정하기

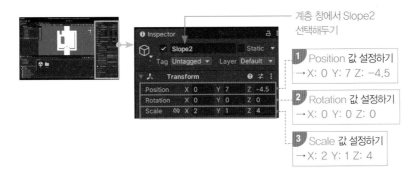

계층 창에서 Slope2
선택해두기

1 Position 값 설정하기
→ X: 0 Y: 7 Z: −4.5

2 Rotation 값 설정하기
→ X: 0 Y: 0 Z: 0

3 Scale 값 설정하기
→ X: 2 Y: 1 Z: 4

3.3.3 세 번째 경사면 만들기

세 번째 경사면도 Cube를 이용해서 만듭니다.

1단계 Slope3 추가하기

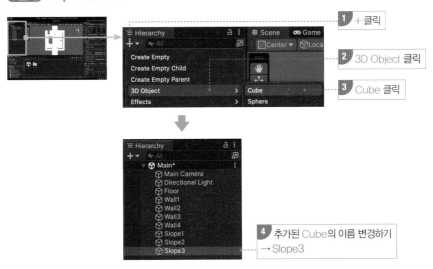

1 + 클릭

2 3D Object 클릭

3 Cube 클릭

4 추가된 Cube의 이름 변경하기
→ Slope3

2단계 Slope3의 위치, 각도, 크기 설정하기

계층 창에서 Slope3 선택해두기

1 Position 값 설정하기
→ X:0 Y:4.5 Z:−9

2 Rotation 값 설정하기
→ X:100 Y:0 Z:0

3 Scale 값 설정하기
→ X:1 Y:10 Z:1

▶ 스테이지 완성

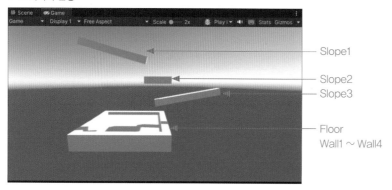

Slope1

Slope2
Slope3

Floor
Wall1 ~ Wall4

Game 탭을 클릭하여 게임 뷰에서 결과를 확인한 후 다시 씬 뷰로 돌아옵니다.

경사면은 얼마든지 추가할 수 있습니다. 또한 경사면의 길이나 각도도 자유롭게 설정 가능합니다. 경사면을 추가할 때는 경사면이 화면에 잘 보이도록 카메라의 위치 등을 재설정해야 할 수도 있습니다. 이것저것 시도해보세요.

3.4 공 만들기

스테이지가 완성되었습니다. 이제 **경사면을 따라 굴러갈 공**을 만들어 게임을 완성합니다.

3.4.1 공 추가하기

바닥과 벽을 만들 때는 유니티에서 기본으로 제공하는 Cube를 사용했습니다. 유니티에는 Cube 외에도 몇 가지 기본 도형이 마련되어 있습니다. 공은 그중에서 Sphere를 사용합니다.

1단계 Sphere 추가하기

2단계 Ball의 위치와 크기 설정하기

경사면 가장 위쪽에 공이 만들어졌습니다. 게임 뷰에서 확인해보세요(확인 후에는 잊지 말고 씬 뷰로 돌아오기 바랍니다).

▶ 경사면 위쪽에 공이 만들어진 모습

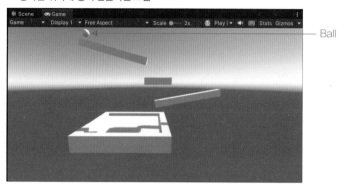

3.4.2 게임 실행하기

공이 만들어졌으므로 제대로 굴러가는지 확인해봅시다. 실행 도구의 플레이 버튼을 클릭하면 게임을 실행할 수 있습니다.

▶ 게임 실행하기

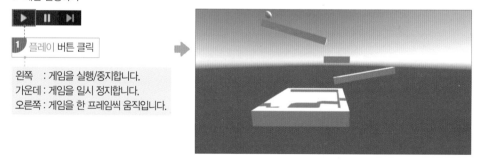

1 플레이 버튼 클릭

왼쪽　　 : 게임을 실행/중지합니다.
가운데 : 게임을 일시 정지합니다.
오른쪽 : 게임을 한 프레임씩 움직입니다.

하지만 안타깝게도 지금 상태로는 공이 굴러가지 않습니다. 게임 실행을 중지하려면 다시 플레이 버튼을 클릭합니다.

유니티에서 공을 굴리거나 상자를 떨어뜨리는 등의 물리적 동작을 위해서는 **리지드바디**^{Rigidbody}라는 컴포넌트를 설정해야 합니다.

컴포넌트란?

컴포넌트란 오브젝트의 기능을 의미합니다. 유니티에서는 게임 세상에 존재하는 것을 오브젝트라고 부르며, 오브젝트에는 다양한 컴포넌트가 설정되어 있습니다. 오브젝트에 설정된 컴포넌트는 인스펙터 창에서 확인할 수 있습니다.

유니티에는 다양한 컴포넌트가 내장되어 있으며 오브젝트에 추가하여 기능을 설정할 수 있습니다(처음부터 기본으로 설정된 컴포넌트도 있습니다). 이번 예제에서 사용할 리지드바디도 이러한 컴포넌트 중 하나입니다. 리지드바디를 추가하면 오브젝트에 중력 등 물리적인 움직임을 줄 수 있습니다.

3.5 중력 설정하기

리지드바디는 오브젝트에 물리 동작을 적용하기 위한 컴포넌트입니다. 리지드바디가 설정된 오브젝트는 물리 법칙에 따라 동작하게 됩니다. 간단히 설명하면 **중력의 영향을 받게 됩니다**. 이제 공에 이러한 기능을 추가해봅시다.

3.5.1 Ball에 리지드바디 설정하기

유니티에서는 컴포넌트도 간단하게 설정할 수 있습니다. 계층 창에서 Ball을 선택한 뒤 인스펙터 창에서 Add Component를 클릭합니다.

1단계 Ball에 Rigidbody 추가하기

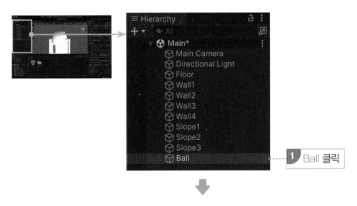

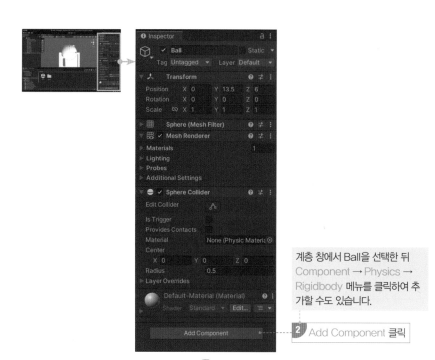

계층 창에서 Ball을 선택한 뒤
Component → Physics →
Rigidbody 메뉴를 클릭하여 추
가할 수도 있습니다.

2 Add Component 클릭

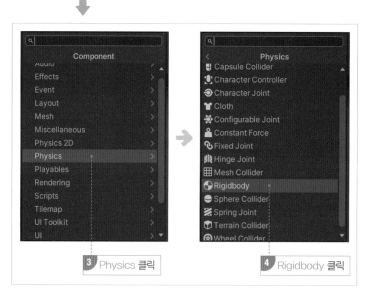

3 Physics 클릭

4 Rigidbody 클릭

2단계 Rigidbody 확인하기

▶를 클릭하여 컴포넌트의 상세 내용을 열거나 닫을 수 있습니다.

◀ Rigidbody가 추가되었습니다.

오브젝트에 중력을 적용하려면 Use Gravity를 체크합니다.

Rigidbody가 Ball에 추가되었습니다. 이제 Ball은 중력의 영향을 받게 됩니다. 이렇게 **오브젝트에 컴포넌트를 추가하는 것을 어태치**라고 합니다.

추가한 리지드바디가 제대로 동작하는지 확인해봅시다. 실행 도구의 플레이 버튼을 클릭하여 게임을 실행합니다. 확인 후 다시 플레이 버튼을 클릭하여 실행을 중지시킵니다.

▶ 공이 제대로 굴러가는 모습

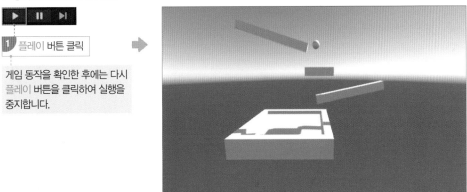

1 플레이 버튼 클릭

게임 동작을 확인한 후에는 다시 플레이 버튼을 클릭하여 실행을 중지합니다.

게임에 중력 추가하기

게임 세계에 중력을 추가하여 구슬이 아래로 떨어지게 하거나 경사면을 따라 구르게 할 수 있습니다. 유니티에서는 오브젝트에 Rigidbody만 추가하면 중력을 적용할 수 있습니다. 중력은 Y축(수직) 방향으로 발생합니다.

또한 유니티는 오브젝트끼리의 마찰이나 반발도 표현할 수 있습니다. 유니티는 얼음처럼 매끄러운 표면을 미끄러지는 상태부터 거칠어서 전혀 미끄러지지 않는 상태까지 마찰계수 값을 설정하여 간단하게 표현할 수 있습니다. 반발계수를 설정하면 볼이 바닥에서 튀는 모습도 표현할 수 있습니다. 마찰계수나 반발계수는 뒤에서 설명할 Physic Material을 사용하여 설정합니다.

3.6 게임 발전시키기

공이 경사면을 굴러떨어지도록 만들었지만 이대로는 뭔가 허전합니다. 여러 가지 설정을 변경하여 좀 더 게임답게 만들어봅시다.

3.6.1 공을 여러 개 배치하기

공의 개수를 조금 더 늘려봅시다. 이미 있는 공을 복제하면 간단하게 처리할 수 있습니다.

계층 창에서 Ball을 우클릭하고 Duplicate를 선택합니다.

1단계 Ball 복제하기

1 Ball 우클릭

2 Duplicate 클릭

복제된 오브젝트는 원래 이름에
(1)과 같이 번호가 추가됩니다.

3 복제된 Ball(1)의 이름 변경하기
→ Ball2

2단계 Ball2의 위치 설정하기

계층 창에서 Ball2
선택해두기

1 Position 값 설정하기
→ X:0 Y:13 Z:3

실행하여 확인해봅시다. 확인 후에는 원하는 만큼 공을 추가해봅시다. 하지만 이후의 내용은
공을 추가하지 않은 상태로 진행합니다. 추가한 공은 우클릭하여 Delete를 선택하면 제거할
수 있습니다.

▶ 공이 추가되었다!

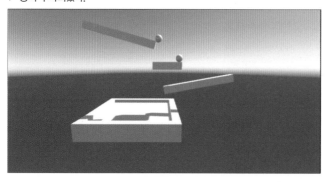

오브젝트 간의 충돌 판정

씬에 배치한 도형 등의 리소스는 단순한 그래픽이 아닌 실체를 가진 오브젝트로 인식됩니다. 예제에서는 공이 경사면을 따라 굴러가는 모습을 확인할 수 있는데, 이것은 유니티가 경사면(Cube)을 실체로 인식하여 공(Sphere)과의 충돌을 계산하기 때문입니다. 이러한 과정을 거쳐 공은 중력에 따라 경사면을 굴러갑니다.

▶ 공과 경사면의 충돌 판정

중력에 따라 공이
낙하합니다.

충돌 판정에 따라 공이 경사면의
표면을 굴러갑니다.

공과 경사면 사이에서
충돌 판정이 이루어집니다.

유니티에서는 콜라이더(Collider)라는 기능으로 오브젝트끼리의 충돌을 판정합니다. 각각의 오브젝트에 콜라이더 컴포넌트를 설정해두면 유니티는 자동으로 충돌 판정을 연산합니다. 캐릭터가 부딪히거나 공격이 적중하는 등의 판정도 실행되므로 게임을 만들 때 유용하게 쓰입니다.

▶ 콜라이더의 충돌 판정

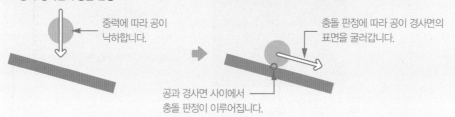

콜라이더의 모양에 따라
충돌을 판정합니다.

오브젝트에 콜라이더
설정하기

콜라이더 컴포넌트는 나중에 추가할 수도 있지만 Cube나 Sphere 등의 기본 도형에는 오브젝트의 모양에 따라 기본으로 콜라이더가 설정되어 있습니다. Cube에는 상자 모양의 Box Collider가, Sphere에는 구 모양의 Sphere Collider가 설정되어 있습니다(인스펙터 창에서 확인할 수 있습니다). 이 밖에도 다양한 형태의 콜라이더가 마련되어 있습니다.

참고로 충돌 판정이 이뤄지지 않게 설정할 수도 있습니다. Ball의 인스펙터 창에서 Sphere Collider의 체크를 해제하면 공은 경사면이나 바닥을 뚫고 한없이 낙하합니다.

▶ 충돌 판정 해제하기

체크를 해제합니다.

3.6.2 탄성 설정하기

지금 상태에서는 땅에 떨어진 공이 바닥에서 튀어 오르지 않고 달라붙어서 움직입니다. 하지만 현실 세계에서 공이 바닥에 떨어지면 튀어 오릅니다. 현실의 움직임과 똑같이 동작하게 하려면 Physic Material을 사용합니다. Physic Material을 Collider 컴포넌트에 추가하여 **오브젝트 끼리 접촉했을 때 마찰이나 반발이 일어나도록 물리 동작을 설정**할 수 있습니다.

Physic Material이란 물리적인 재질에 대한 설정입니다. 현실 세계에서는 목재나 콘크리트가 각각의 재질에 따라 마찰이 다르게 작용하는 것처럼 유니티에서도 반발이나 마찰을 설정하여 더욱 현실적인 물리 동작을 구현할 수 있습니다.

Physic Material은 프로젝트 창에 추가합니다. 추가 방법은 지금까지 했던 것과 마찬가지로 프로젝트 창에서 +를 클릭하면 나타나는 드롭다운 리스트에서 Physic Material을 선택합니다.

1 단계 Physic Material 추가하기

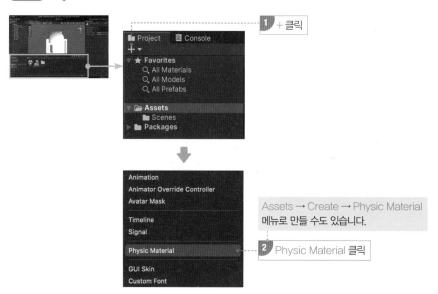

1 + 클릭

Assets → Create → Physic Material
메뉴로 만들 수도 있습니다.

2 Physic Material 클릭

2 단계 Physic Material 이름 변경하기

New Physic Material이
추가됩니다.

Physic Material은 프로
젝트의 Assets 폴더에 추
가됩니다.

1 New Physic Material의
이름 변경하기
→ Bounce

식별하기 쉽도록 이름을 변
경합니다. 임의의 이름으로
변경해도 상관없습니다.

3단계 Bounce 값 변경하기

프로젝트 창에서
Bounce 선택해두기

1 값 변경하기
Dynamic Friction → 1
Static Friction → 1
Bounciness → 1
Friction Combine → Average
Bounce Combine → Average

4단계 Ball에 Bounce 어태치하기

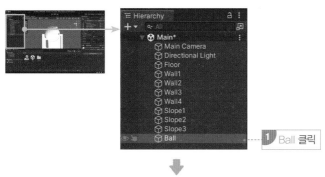

1 Ball 클릭

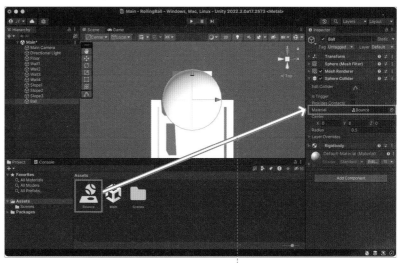

2 Bounce를 Sphere Collider의
Material로 드래그 앤 드롭

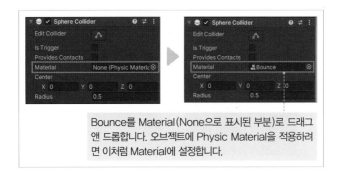

Bounce를 Material(None으로 표시된 부분)로 드래그
앤 드롭합니다. 오브젝트에 Physic Material을 적용하려
면 이처럼 Material에 설정합니다.

Physic Material의 설정 항목

Physic Material의 설정 항목 중에서 중요한 것만 간단히 설명합니다. 각 항목의 값을 변경하면 오브젝트의
동작이 눈에 띄게 달라지므로 이것저것 시도해보세요.

• Dynamic Friction

동적인 상태(움직이고 있는 상태)의 오브젝트 마찰계수입니다. 0~1 사이의 값으로 설정할 수 있습니다. 0이
면 마찰이 완전히 없어져 얼음 위를 미끄러지는 것과 같은 상태가 됩니다. 반대로 1이면 마찰이 강해져 미끄러
지기 힘들어집니다. 입력 창에 1 이상의 값을 할당할 수는 있지만 실질적인 반영은 1이 최곳값입니다.

• Static Friction

정적인 상태(정지 상태)의 오브젝트 마찰계수입니다. 0~1 사이의 값으로 설정할 수 있습니다. 0이면 마찰이
완전히 없어져 얼음 위를 미끄러지는 것 같은 상태가 됩니다. 반대로 1이면 마찰이 강해져 미끄러지기 힘들어
집니다.

• Bounciness

반발계수를 설정하는 항목입니다. 오브젝트가 물리적으로 부딪힐 때 반발하는 계수를 조정합니다. 0~1 사이
의 값으로 설정할 수 있습니다. 0이면 전혀 튀어 오르지 않고 1이면 크게 튀어 오릅니다.

• Friction Combine

두 오브젝트가 물리적으로 부딪힐 때의 마찰계수 계산 방법을 지정합니다.

• Bounce Combine

두 오브젝트가 물리적으로 부딪힐 때의 반발계수 계산 방법을 지정합니다.

▶ Combine 설정

Average	두 오브젝트의 계수의 평균값이 적용됩니다.
Multiply	두 오브젝트의 계수의 곱이 적용됩니다.
Minimum	두 오브젝트 중 계수가 작은 쪽의 값이 적용됩니다.
Maximum	두 오브젝트 중 계수가 큰 쪽의 값이 적용됩니다.

3.6.3 공의 색 변경하기

지금까지 만든 스테이지의 바닥이나 경사면, 공 등은 모두 회색으로 표현되어 단조롭게 보입니다. 유니티에서 오브젝트의 기본 설정 색은 회색이며 이는 변경 가능합니다. 마지막으로 공이 눈에 잘 띄도록 색을 변경해봅시다.

오브젝트의 외관을 변경하려면 머티리얼^{Material}을 만들어서 이를 오브젝트에 어태치해야 합니다. 머티리얼은 오브젝트의 표면을 설정하기 위한 데이터입니다. 오브젝트의 색을 변경하거나 표면의 재질을 설정할 수 있습니다.

Ball의 색을 빨간색으로 변경해봅시다. 프로젝트 창에 Material을 추가하고 오브젝트로 드래그 앤 드롭하여 어태치합니다.

1단계 Material 추가하기

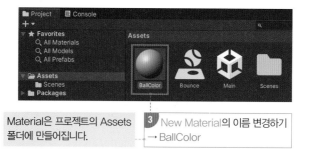

Material은 프로젝트의 Assets 폴더에 만들어집니다.

3 New Material의 이름 변경하기
→ BallColor

2단계 BallColor의 색 설정하기

1 BallColor 클릭

2 여기를 클릭

3 색 변경하기
→ 빨간색

3단계 Ball에 BallColor 어태치하기

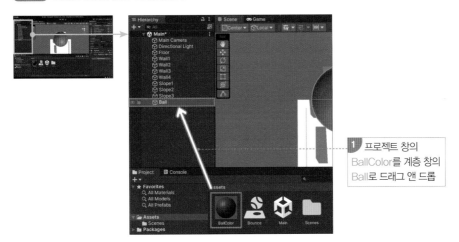

1 프로젝트 창의
BallColor를 계층 창의
Ball로 드래그 앤 드롭

프로젝트 창에 추가한 Material을 계층 창의 오브젝트로 드래그 앤 드롭하여 오브젝트에 머티리얼을 적용할 수 있습니다. 같은 머티리얼을 여러 오브젝트에 적용할 수도 있습니다. 또한 프로젝트 창에서 Material의 색 등 값을 변경하면 해당 머티리얼이 적용된 오브젝트에 변경한 값이 동시 적용됩니다.

▶ 공의 색 변경

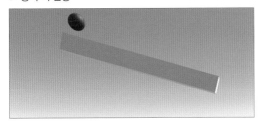

NOTE_ 머티리얼은 색뿐만 아니라 Metallic 등 질감도 설정할 수 있습니다. 게임의 외관을 손쉽게 변경할 수 있으므로 이것저것 시도해보세요.

머티리얼

머티리얼이란 오브젝트의 색이나 질감을 설정하기 위한 데이터입니다. 여기서는 머티리얼의 대표적인 설정 항목을 소개합니다. 머티리얼은 여러 고급 설정이 많기 때문에 유니티에 익숙해지기 전에는 Albedo로 색을 변경할 수 있다는 것만 기억해두세요.

• Shader
화면에 표시할 규칙을 설정합니다. 유니티에는 몇 가지 규칙이 마련되어 있으며 규칙마다 설정할 수 있는 값이 달라집니다. 여기서는 유니티의 표준 Shader인 Standard를 사용했을 때의 설정 항목을 소개합니다.

• Rendering Mode
오브젝트의 투명도를 설정합니다.

- Opaque: 불투명하게 합니다.
- Cutout: 일부만 투명하게 합니다.
- Fade: 투명 표현을 오브젝트가 페이드인/페이드아웃하는 것처럼 보이게 합니다.
- Transparent: 텍스처의 투명도에 따라 투명해지도록 합니다.

Cutout은 이미지(텍스처) 데이터를 사용하여 화면에 표시할 때 이미지의 투명도를 확인하여 일정 투명도 이하 부분은 화면에 표시하지 않도록 하는 설정입니다.

• Albedo
물질이 빛을 반사할 때의 색을 설정합니다. 기본적인 외관을 변경하려면 이 값을 설정합니다.

• Metallic
물질의 표면이 얼마나 금속적인지 설정합니다. 금속적일수록 주변의 색을 반사하여 Albedo에서 설정한 값이 잘 보이지 않게 됩니다.

• Normal Map
법선 맵이라고도 불립니다. 물질의 울퉁불퉁함을 표현하기 위해 특수한 이미지를 설정할 수 있습니다. 이러한 이미지를 만들기 위해서는 전문적인 지식이 필요하므로 에셋 스토어에서 Normal Map이 첨부된 텍스처 에셋을 다운로드하여 사용하는 것을 추천합니다.

• Height Map
Normal Map보다 더 큰 값의 굴곡을 표현할 수 있는 이미지를 설정할 수 있습니다. 표면의 울퉁불퉁함을 더욱 효과적으로 나타낼 수 있지만 그만큼 부담이 큰 표현입니다.

• Occlusion
물질의 일부분이 얼마만큼 간접 조명의 영향을 받는지 표현하기 위한 이미지를 설정할 수 있습니다. 예를 들어 덮개 등으로 빛을 차단한 물체가 있을 때 덮개로 인해 어두워진 부분을 표현할 수 있습니다.

• Emission
물질 자체가 발광하는지 설정할 수 있습니다. 자체 발광에 대한 색과 세기를 설정합니다.

• Tiling
이미지 반복 횟수입니다. 예를 들어 상자의 어느 면에 이미지가 표시되고 있을 때 X: 5, Y: 5로 설정하면 가로 세로 방향 각각 5번씩 이미지가 반복해서 표시됩니다. 지면 오브젝트의 Scale을 크게 하면 이미지가 깨질 수 있는데, Tiling 값을 설정하면 이미지가 깨지지 않고 잘 보이도록 설정할 수 있습니다.

• Offset
이미지를 어긋나게 표시하기 위한 설정입니다. 예를 들어 상자의 어느 면에 이미지가 표시되고 있을 때 X: 0.5, Y: 0으로 설정하면 이미지의 가로 방향이 반 정도 어긋나게 표시됩니다.

완성

이것으로 공 굴리기 게임이 완성되었습니다. 오브젝트를 배치하고 설정값을 변경하는 것만으로 3D 게임처럼 움직입니다. 플레이하여 확인해보세요.

여기서는 오브젝트에 물리적인 움직임을 추가하는 리지드바디, 충돌을 판정하는 콜라이더, 마찰계수나 반발계수를 설정하는 Physic Material, 오브젝트의 외관을 설정하는 머티리얼 등 유니티의 특징적인 기능들을 살펴봤습니다. 어느 것이든 설정을 변경하는 것만으로도 간단하게 동작을 변경할 수 있습니다. 더욱 독창적인 게임이 될 수 있도록 여러 가지 시도해보기 바랍니다.

▶ 완성

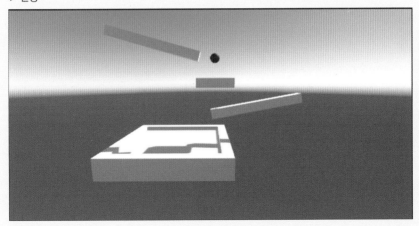

CHAPTER 4

2D 게임 만들기

| 4장에서 만들 예제 |

3장에서는 3D 게임을 만들면서 기본적인 유니티 사용법을 배웠습니다. 4장에서는 유니티의 2D 기능을 살펴보면서 2D 게임을 만들어보겠습니다. 화면 위쪽에서 굴러 내려오는 병아리 구슬을 대포로 맞히는 게임을 만들 것입니다.

4장에서는 다음 내용을 배웁니다.

- 스프라이트를 가져오는 방법
- 스프라이트를 나누는 방법
- 스크립트 작성 방법
- 스크립트로 플레이어를 움직이는 방법
- 프리팹(Prefab)을 이용한 오브젝트 자동 생성 방법

▶ 4장에서 만들 예제의 완성 이미지

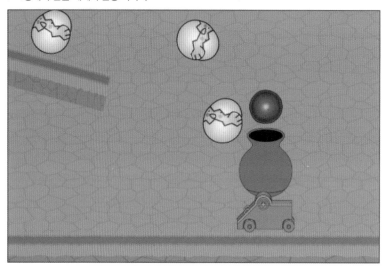

예제 프로젝트 → ChickAttack
URL https://www.hanbit.co.kr/src/11078

4.1 프로젝트 만들기

2D 게임용 프로젝트를 만듭시다. 유니티는 2D 게임과 3D 게임을 각 사양에 맞는 **프로젝트로 생성**합니다.

2D 게임용 프로젝트는 씬 뷰가 2D 게임에 맞게 항상 정면에서 바라본 시점으로 표시되어 X와 Y 두 방향으로 오브젝트의 좌표 등을 관리하게 됩니다. 씬 기즈모도 표시되지 않습니다. 카메라 설정도 2D 게임에 맞게 바뀝니다.

그리고 프로젝트 창으로 외부 이미지 데이터를 가져오면 2D 게임의 리소스로 사용할 수 있는 **스프라이트로 자동 변환**해줍니다.

4.1.1 새 프로젝트 만들기

유니티 허브를 실행한 뒤 새 프로젝트를 만들고 씬을 저장하겠습니다. 프로젝트 저장 경로는 임의로 지정해도 상관없습니다.

1단계 프로젝트 만들기

1 프로젝트 클릭

2 새 프로젝트 클릭

유니티가 이미 실행 중이면 File → New Project 메뉴를 선택해도 같은 화면이 나옵니다.

3 2D 선택

4 프로젝트 이름 입력하기
→ ChickAttack

프로젝트 이름은 오류가 발생하지 않도록 영문으로 저장하기를 추천합니다. 그 밖의 항목은 기본값으로 진행합니다.

5 저장 경로 지정하기

6 프로젝트 생성 클릭

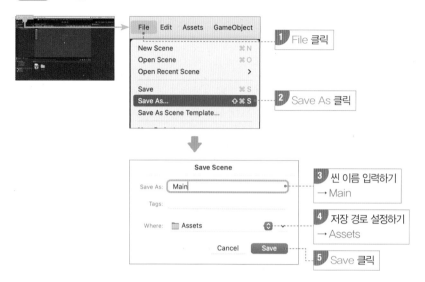

프로젝트와 씬이 준비되었습니다. 2D용 씬 뷰가 나타납니다. 또한 2D 게임에서는 라이트를 사용하지 않으므로 계층 창에 카메라(Main Camera)만 추가됩니다.

▶ 새 프로젝트가 만들어진 모습

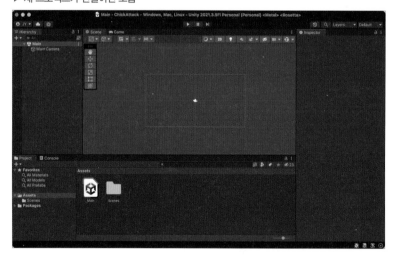

불필요한 탭 닫기

새 프로젝트를 만들면 화면 중앙에 Game 등과 같은 탭이 표시되어 있습니다(레이아웃이 기본값일 경우입니다). 이러한 탭은 자유롭게 닫거나 표시할 수 있습니다.

탭을 마우스 우클릭하여 Close Tab을 선택하면 탭을 닫을 수 있습니다. 닫은 탭은 Window 메뉴에서 다시 열 수 있습니다.

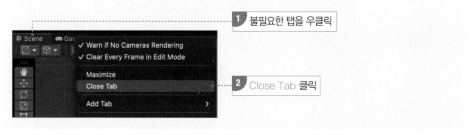

4.1.2 게임에 사용할 이미지를 프로젝트에 추가하기

대포나 병아리 구슬 등 게임에 사용할 이미지를 프로젝트에 추가합시다. 홈페이지에서 다운로드한 리소스 파일을 프로젝트 창의 Assets 폴더로 드래그 앤 드롭합니다. 리소스 파일은 Unity2022Sample/Resource/Chapter4 폴더에 들어 있습니다.

- **리소스 다운로드**
  URL https://www.hanbit.co.kr/src/11078

1단계 리소스 파일 다운로드하기

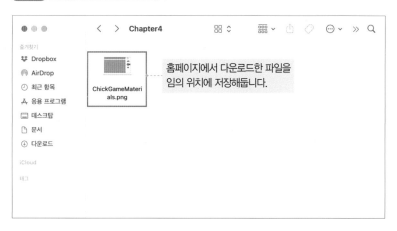

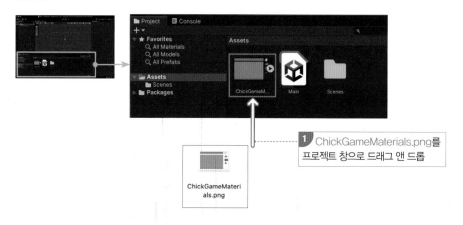

1 ChickGameMaterials.png를
프로젝트 창으로 드래그 앤 드롭

ChickGameMateri
als.png

스프라이트

2D 게임용 프로젝트의 프로젝트 창에 PNG 등의 이미지 파일을 추가하면 스프라이트라는 리소스 데이터로
자동 변환됩니다. 유니티에서 2D 게임을 만들 때는 스프라이트를 씬 위에 배치합니다.

스프라이트로 변환될 수 있는 이미지 형식은 PSD, TIFF, JPG, TGA, PNG, GIF, BMP, IFF, PICT 등이
있습니다. 이미지 데이터는 여백을 투명하게 만든 상태로 사용합시다.

▶ 사용할 이미지 데이터

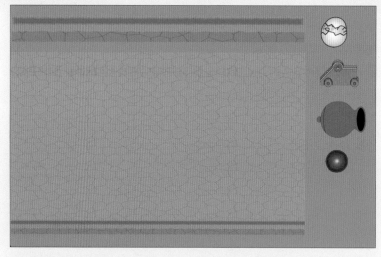

Unity2022Sample/Resource/Chapter4/ChickGameMaterials.png

4.2 스프라이트 나누기

여기에서 사용할 이미지 리소스는 하나의 데이터 안에 스테이지와 배경, 대포 등 여러 이미지가 묶여 있습니다. 게임에서 사용하기 위해서는 이를 **각각의 이미지로 나눠야 합니다.**

유니티에는 여러 이미지가 묶여 있는 하나의 스프라이트를 각각의 이미지 스프라이트로 나눠주는 Sprite Editor가 마련되어 있습니다.

▶ 나뉘기 전의 스프라이트 상태

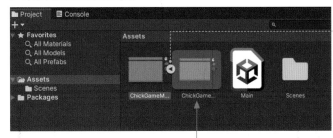

여러 이미지가 하나의 스프라이트에 묶여 있습니다.

4.2.1 Sprite Editor 실행하기

Sprite Editor를 사용하기 위해 먼저 대상 스프라이트의 Sprite Mode 설정을 Multiple로 변경합니다. Multiple로 설정하면 **하나의 데이터 안에 여러 이미지 리소스가 묶인 상태로 설정됩니다.** 그리고 인스펙터 창의 Sprite Editor 버튼을 클릭합니다.

1단계 Sprite Editor 실행하기

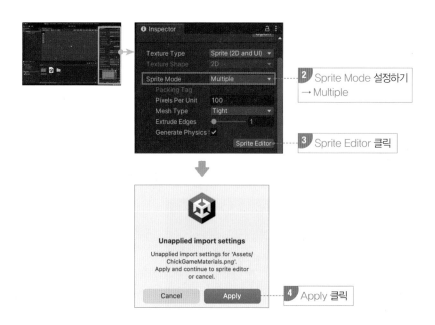

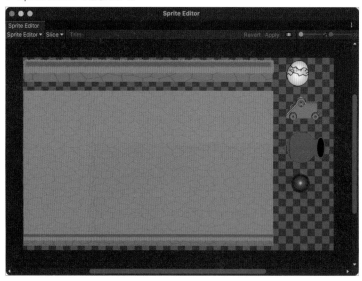

2 Sprite Mode 설정하기
→ Multiple

3 Sprite Editor 클릭

4 Apply 클릭

Sprite Editor가 실행됩니다. 스프라이트는 마우스 휠로 확대 또는 축소할 수 있습니다. 작업하기 편한 크기로 조절합니다.

▶ Sprite Editor가 실행되었다!

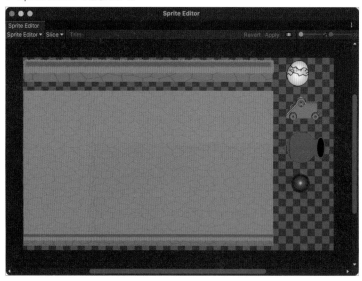

4.2.2 스프라이트 나누기

Sprite Editor 왼쪽 상단에 있는 Slice 버튼을 클릭하면 스프라이트를 나누기 위한 설정 창이 나타나는데 그중 Type을 Automatic으로 변경합니다. Automatic은 이미지의 형태에 맞춰 유니티가 자동으로 스프라이트를 나눕니다.

스프라이트는 사각형으로 나뉩니다. 프로젝트 창에 추가할 이미지 데이터의 배경을 투명으로 해두지 않으면 배경도 같이 나뉘므로 주의하세요.

1단계 스프라이트 나누기

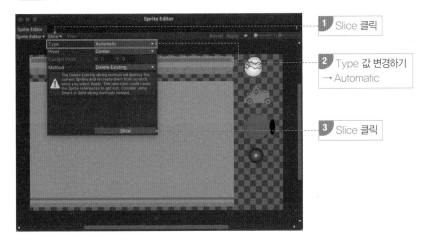

2단계 Slice 적용하기

프로젝트 창을 보면 하나의 이미지가 여러 개의 리소스로 나뉘어 있는 것을 확인할 수 있습니다.

이제 게임에 사용할 리소스가 준비되었습니다. Sprite Editor 오른쪽 위의 × 버튼을 클릭하여 창을 닫아둡니다.

▶ 스프라이트가 나뉜 모습

▶ 스프라이트 확인하기

수동으로 스프라이트 나누기

예제에서 사용한 이미지처럼 단순한 형태라면 Automatic의 자동 인식 기능을 사용하여 나눠도 아무 문제가 없습니다. 하지만 복잡한 형태의 이미지라면 자동 인식 기능이 제대로 동작하지 않습니다. 이런 경우에는 수동으로 나눠야 합니다.

수동으로 나누려면 Sprite Editor에서 나눌 부분을 마우스로 드래그하여 대상 오브젝트를 감싸고 Apply 버튼을 클릭합니다. 나눈 내용을 적용하지 않고 Sprite Editor를 닫을 때는 Revert 버튼을 클릭합니다. 또한 Sprite Editor에 Sprite라는 창이 표시되어 작업하기 어려울 때는 Sprite Editor 창 안쪽을 클릭하여 사라지게 할 수 있습니다.

▶ 수동으로 나누기

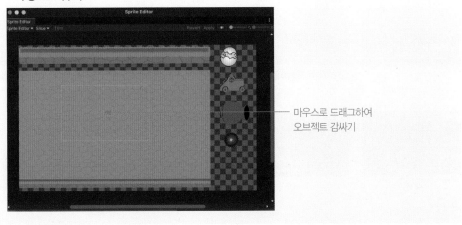

마우스로 드래그하여
오브젝트 감싸기

정기적으로 저장하기

게임을 만들 때는 무슨 일이 벌어질지 모릅니다. 작업 중에는 정기적으로 저장하는 습관을 들이세요. 메뉴 바에서 File → Save를 선택하면 현재 작업 중인 씬을 저장할 수 있고 File → Save As를 선택하면 다른 이름으로 저장할 수 있습니다. File → Save Project를 선택하면 프로젝트 전체를 저장할 수 있습니다.

4.3 스테이지 만들기

씬에 사용할 스프라이트가 준비되었습니다. 바로 계층 창에 추가하여 씬 뷰에 배치해봅시다. 스프라이트도 드래그 앤 드롭으로 추가할 수 있습니다.

4.3.1 배경 배치하기

먼저 **배경 스프라이트**를 배치합니다.

스프라이트를 자동 인식 기능으로 나누면 파일명_0, 파일명_1 등과 같이 나뉜 리소스마다 연속된 번호로 이름이 붙습니다. 여기서는 ChickGameMaterials_2가 배경에 사용할 스프라이트입니다(혹시 다른 번호로 되어 있다면 해당 번호로 작업을 진행해주세요).

1단계 ChickGameMaterials_2 배치하기

1 ChickGameMaterials_2 클릭

2 프로젝트 창의 ChickGameMaterials_2를 계층 창으로 드래그 앤 드롭

2단계 ChickGameMaterials_2의 이름 변경하기

1 ChickGameMaterials_2의 이름 변경하기
→ BackGround

이름 변경은 오브젝트를 우클릭하여 Rename을 선택합니다.

3단계 BackGround의 위치, 각도, 크기 설정하기

계층 창에서
BackGround 선택해두기

1 Position 값 설정하기
→ X:0 Y:0 Z:0

2 Rotation 값 설정하기
→ X:0 Y:0 Z:0

3 Scale 값 설정하기
→ X:1 Y:1 Z:1

배경이 배치되었습니다. 씬 뷰는 다음 그림과 같이 나타납니다. 배경 주변의 흰 선은 카메라 (Main Camera)의 표시 범위입니다(카메라의 범위는 뒤에서 변경합니다).

▶ 배경이 배치되었다!

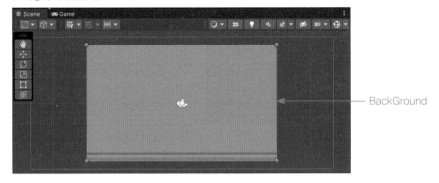

BackGround

4.3.2 바닥 배치하기

이어서 바닥을 배치합니다. 바닥 스프라이트는 ChickMaterials_0입니다.

1단계 ChickMaterials_0 배치하기

1 ChickMaterials_0 클릭

2 프로젝트 창의 ChickMaterials_0을 계층
창으로 드래그 앤 드롭

2단계 ChickMaterials_0의 이름 변경하기

1 ChickMaterials_0의 이름 변경하기
→ Floor

3단계 Floor의 위치, 각도, 크기 설정하기

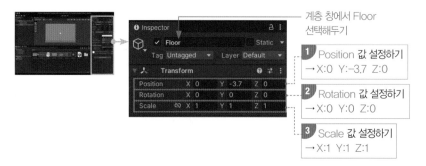

계층 창에서 Floor
선택해두기

1 Position 값 설정하기
→ X:0 Y:-3.7 Z:0

2 Rotation 값 설정하기
→ X:0 Y:0 Z:0

3 Scale 값 설정하기
→ X:1 Y:1 Z:1

바닥이 추가되었습니다. 씬 뷰에서는 다음 그림과 같이 보일 것입니다. 가끔 바닥이 배경 뒤에 숨어서 보이지 않을 수도 있습니다. 그리기 순서를 잘 설정하여 올바로 표시되도록 해둡니다.

▶ 바닥이 배치되었다!

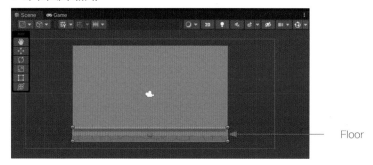

Floor

2D 게임의 Z좌표

2D 게임은 X, Y 값으로 오브젝트의 위치나 크기를 관리합니다. 0, 0 좌표가 원점(씬의 중심)이 됩니다. 3D 게임과 마찬가지로 부모-자식 관계에서는 부모 스프라이트가 원점이 됩니다.

하지만 인스펙터 창의 Transform 컴포넌트에는 Z 좌표가 있습니다. 2D 게임에서 Position(위치)과 Scale(크기)의 Z 값은 의미가 없으므로 무시해도 상관없습니다.

4.3.3 레이어로 그리기 순서 설정하기

2D 게임은 3D 게임과 다르게 공간의 깊이 개념이 없습니다. 3D 게임에서는 카메라에 가까운 오브젝트를 앞쪽에 배치하여 그리기 순서를 정했지만, 2D에서는 깊이가 없기 때문에 이러한

방법은 사용할 수 없습니다. 여기서는 레이어Layer[1]라는 기능을 사용하여 이미지가 그려질 순서를 지정합니다.

스프라이트를 드래그 앤 드롭하여 만들어지는 오브젝트는 Transform 외에 Sprite Renderer 라는 그리기 관련 설정을 위한 컴포넌트를 갖고 있는데 그중 Order in Layer **값으로 그려질 순서를 설정**할 수 있습니다. 값이 클수록 앞쪽에 그려집니다. 먼저 배치한 BackGround는 기본값인 0이 설정되어 있으므로 Floor를 1로 설정하여 앞쪽에 그려지도록 합니다.

1단계 Order in Layer 설정하기

Sorting Layer와 Order in Layer

Sprite Renderer 컴포넌트에는 오브젝트의 그리기 순서를 설정하기 위한 Sorting Layer와 Order in Layer라는 항목이 있습니다.

Order in Layer의 값이 큰 오브젝트가 앞쪽에 그려집니다. Sorting Layer는 오브젝트를 그룹으로 묶기 위한 것입니다. 같은 그룹의 오브젝트 중 Order in Layer 값이 큰 것을 앞쪽에 그립니다(기본값은 Default가 설정되어 있습니다).

---

1 이번에 등장한 Layer는 2장의 Layer와 다른 기능입니다. 같은 이름이라 헷갈리지만 혼동하지 않도록 주의합시다.

Order in Layer 값이 같을 경우 어느 것을 먼저 그릴지는 유니티가 판단합니다. 따라서 씬에 추가했을 때는 앞에 그려져 있었어도 다시 프로젝트를 실행하면 뒤에 숨어버리는 경우가 있습니다. 항상 똑같이 표시될 수 있도록 순서를 잘 설정해둡시다.

▶ 오브젝트 그리기 순서

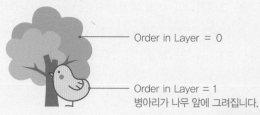

스프라이트와 오브젝트의 관계

프로젝트 창에 준비한 스프라이트는 계층 창으로 드래그 앤 드롭하여 그대로 씬에 보이게 할 수 있습니다. 다만 스프라이트가 오브젝트인 것은 아닙니다. 스프라이트를 드래그 앤 드롭하는 것은 스프라이트가 설정된 오브젝트를 생성하는 것입니다.

스프라이트를 드래그 앤 드롭했을 때 생성되는 오브젝트는 Sprite Renderer 컴포넌트를 갖고 있습니다. 그 중 Sprite라는 항목에 설정된 스프라이트 파일의 이름이 있습니다.

▶ Sprite Renderer 컴포넌트

프로젝트 창에서 다른 스프라이트를 Sprite 입력 창으로 드래그 앤 드롭하면 오브젝트 이름이나 위치는 그대로인 상태에서 표시되는 이미지만 바뀝니다. 스프라이트는 에셋이고 오브젝트에 할당하여 사용합니다.

4.3.4 바닥에 충돌 판정 설정하기

바닥을 배치하였습니다. 다음은 바닥 위에 플레이어(대포) 등 오브젝트를 추가해야 하는데, 지금 상태로는 오브젝트가 바닥을 뚫고 지나가버립니다. **바닥에 충돌 판정을 설정합시다.**

충돌 판정은 3장의 공 굴리기 게임에서 설명한 것처럼 콜라이더 컴포넌트를 오브젝트에 어태치하여 설정합니다. 2D 게임에서는 2D 전용 콜라이더가 마련되어 있으므로 이를 사용합니다.

1단계 Box Collider 2D 어태치하기

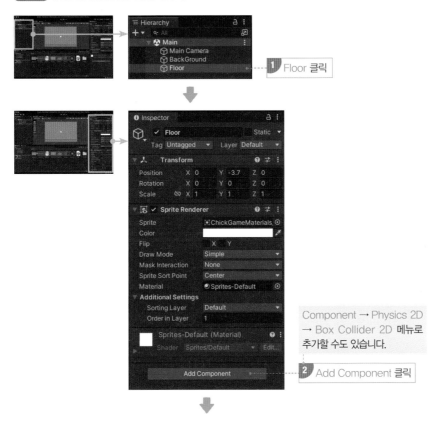

3 Physics 2D 클릭

4 Box Collider 2D 클릭

2D용 컴포넌트의 이름에는
2D가 붙습니다.

▶ 바닥에 충돌 판정이 설정되었다!

콜라이더는 녹색 선으로 표시됩니다.

4.4 플레이어 배치하기

플레이어는 여러 오브젝트를 조합하여 만듭니다. 여러 오브젝트를 하나로 묶어서 동작할 수 있
도록 부모-자식 관계를 설정합니다.

4.4.1 Player 배치하기

사용자가 조작할 자동차를 배치합시다. ChickGameMaterials_3가 자동차 스프라이트입니다.

1단계 ChickGameMaterials_3 배치하기

1 ChickGameMaterials_3 클릭

2 프로젝트 창의 ChickGameMaterials_3를
계층 창으로 드래그 앤 드롭

2단계 ChickGameMaterials_3의 이름 변경하기

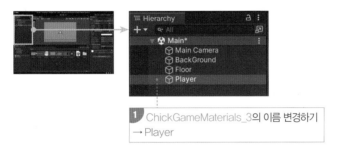

1 ChickGameMaterials_3의 이름 변경하기
→ Player

3단계 Player의 위치 설정하기

계층 창에서 Player
선택해두기

1 Position 값 설정하기
→ X:0 Y:−2.4 Z:0

4.4.2 그리기 순서 설정하기

Sprite Renderer 컴포넌트의 Order in Layer 값을 설정하여 Player가 배경이나 바닥 뒤로
숨지 않게 합니다.

1단계 Order in Layer 설정하기

자동차(Player)가 배치되었습니다. 타이어와 바닥의 높이가 맞닿도록 Y 좌표를 설정합니다.
크기는 변경하지 않아도 됩니다.

▶ Player가 배치되었다!

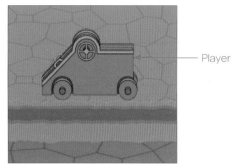

4.4.3 CannonMuzzle 배치하기

다음에는 포탑을 배치합니다. 포탑 스프라이트는 ChickGameMaterials_4입니다.

1단계 ChickGameMaterials_4 배치하기

1 ChickGameMaterials_4 클릭

2 프로젝트 창의 ChickGameMaterials_4를 계층 창으로 드래그 앤 드롭

2단계 ChickGameMaterials_4의 이름 변경하기

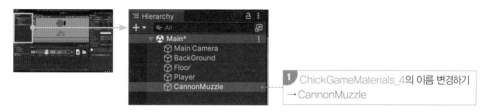

1 ChickGameMaterials_4의 이름 변경하기 → CannonMuzzle

3단계 CannonMuzzle의 그리기 순서 설정하기

계층 창에서 CannonMuzzle 선택해두기

1 Order in Layer 값 설정하기 → 1

4.4.4 CannonMuzzle을 부모-자식 관계로 만들기

이제 자동차(Player)와 포탑(CannonMuzzle)을 부모-자식 관계로 만들어 같이 움직이도록 합니다.

1단계 Player와 CannonMuzzle을 부모-자식 관계로 만들기

1 CannonMuzzle 클릭

오브젝트를 부모-자식 관계로 만들려면 자식 오브젝트를 부모 오브젝트로 드래그 앤 드롭합니다.

2 Player로 드래그 앤 드롭

부모-자식 관계가 설정되었습니다.

2단계 CanoonMuzzle의 위치와 각도 설정하기

계층 창에서 CannonMuzzle 선택해두기

1 Position 값 설정하기
→ X:0 Y:1.5 Z:0

2 Rotation 값 설정하기
→ X:0 Y:0 Z:90

부모-자식 관계 오브젝트의 좌표

오브젝트를 부모-자식 관계로 만들면 자식 오브젝트의 위치는 부모 오브젝트와 상대적인 위치로 정해집니다. 예제와 같이 자식 오브젝트의 좌표를 X: 0, Y: 1.5로 지정하면 부모 오브젝트로부터 Y 방향으로 1.5만큼 떨어진 위치에 표시됩니다. 다음 그림에서는 좌표를 쉽게 이해할 수 있도록 이동 도구를 표시해두었습니다. 이동 도구 중심에 있는 파란 네모가 좌표의 기준점입니다. 기준점 위치는 Pivot/Local 값에 따라 달라집니다. 여기서는 Pivot으로 표시했습니다.

▶ 자식 오브젝트의 위치

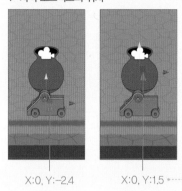

X:0, Y:−2.4   X:0, Y:1.5 •·············· 부모 오브젝트의 위치를 원점으로 1.5 위쪽에 표시됩니다.

부모 오브젝트를 움직이면 자식 오브젝트도 함께 움직입니다. 예를 들어 부모 오브젝트의 좌표를 X: 3, Y: −2.4로 하여 오른쪽으로 이동시키면 자식 오브젝트도 같이 오른쪽으로 움직입니다. 다만 자식 오브젝트의 좌표는 부모 오브젝트와의 상대적인 위치를 나타내기 때문에 보이는 위치가 바뀌어도 좌표는 변하지 않고 X: 0, Y: 1.5인 상태를 유지합니다.

부모 오브젝트를 움직이면 자식 오브젝트도 함께 움직이지만 자식 오브젝트를 움직인다고 해서 부모 오브젝트가 움직이지는 않습니다.

▶ 부모-자식 관계의 오브젝트 이동시키기

부모 오브젝트의 좌표

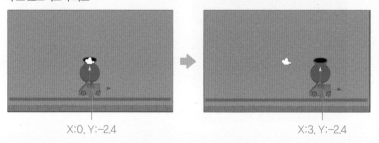

X:0, Y:−2.4   X:3, Y:−2.4

자식 오브젝트의 좌표

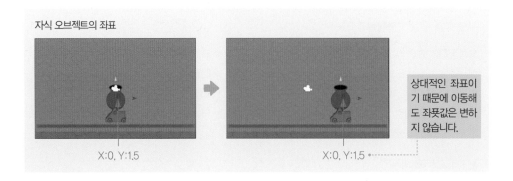

X:0, Y:1.5   X:0, Y:1.5

상대적인 좌표이
기 때문에 이동해
도 좌푯값은 변하
지 않습니다.

4.4.5 CannonMuzzle에 충돌 판정 설정하기

포탑에 충돌 판정을 위한 콜라이더를 설정합시다. 여기서 설정할 Polygon Collider 2D 컴포넌트
는 Box Collider 2D처럼 미리 모양이 정해진 콜라이더와 달리 각 오브젝트의 모양에 따라 충
돌 판정을 만듭니다.

1단계 Polygon Collider 2D 추가하기

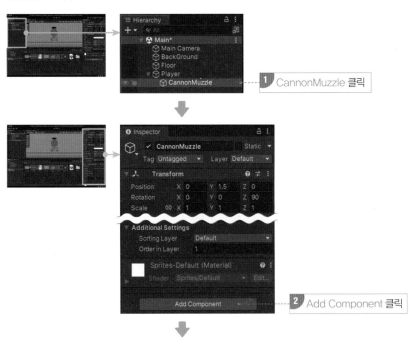

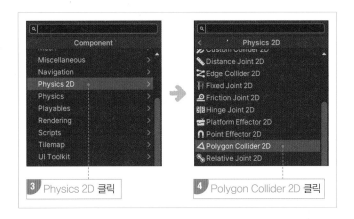

3 Physics 2D 클릭

4 Polygon Collider 2D 클릭

▶ 오브젝트 모양에 맞게 충돌 판정 생성

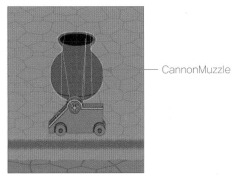

CannonMuzzle

이제 오브젝트의 모양에 맞게 충돌 판정이 생성된 포탑(CannonMuzzle)이 배치되었습니다. 미리 모양이 정해진 콜라이더보다 형태가 복잡하여 처리에 부담이 되므로 너무 많이 사용하는 것은 좋지 않습니다.

4.4.6 발사대 배치하기

포탄을 발사하기 위한 발사대를 배치합니다. 빈 오브젝트를 자동차(Player)의 자식 오브젝트로 추가하고 포탄의 발사 위치로 지정합니다. 포탄을 발사하는 처리는 뒤에서 스크립트를 사용하여 만듭니다.

빈 오브젝트는 Transform 컴포넌트만 갖고 있으며 눈에 보이지 않는 오브젝트입니다. 눈에 보이지는 않지만 씬에는 분명히 존재합니다.

1단계 빈 오브젝트 추가하기

1 + 클릭

2 Create Empty 클릭

Player를 선택한 상태에서 Create
→ Create Empty Child를 클릭하
면 빈 자식 오브젝트가 생성됩니다.

← 빈 오브젝트가 생성됩니다.

3 GameObject의 이름 변경하기
→ SpawnPoint

2단계 부모-자식 관계 설정하기

1 SpawnPoint 클릭

2 Player로 드래그 앤 드롭

부모-자식 관계로 설정됩니다.

3단계 SpawnPoint의 위치 설정하기

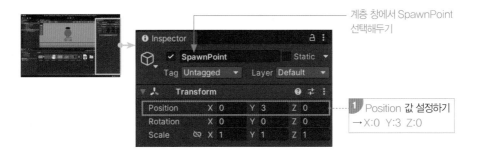

계층 창에서 SpawnPoint
선택해두기

1 Position 값 설정하기
→X:0 Y:3 Z:0

빈 오브젝트를 만들 때는 Position의 Z 값이 0이 아닐 수도 있습니다. 그대로 두어도 상관없지만 신경이 쓰인다면 0으로 바꿉니다.

발사대(SpawnPoint)는 포탑 끝에 오도록 배치합니다. 세세한 위치는 나중에 게임을 실행하면서 조정합시다(그림에서는 위치가 잘 보이도록 이동 도구를 선택한 상태입니다).

▶ 발사대가 추가되었다!

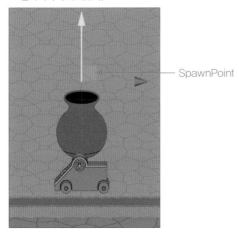

SpawnPoint

4.4.7 카메라 설정하기

카메라가 비추는 범위는 씬 뷰에 흰 선으로 표시됩니다. Main Camera의 Camera 컴포넌트의 Size 값을 변경하여 **화면 범위를 변경합니다.**

▶ 카메라의 범위 변경하기

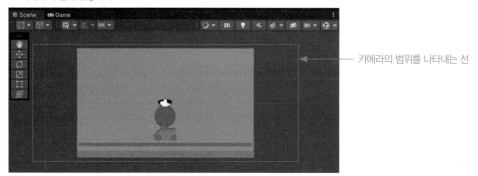

카메라의 범위를 나타내는 선

1단계 Size 설정하기

1 Main Camera 클릭

2 Size 값 설정하기
→ 4.1

▶ 카메라의 범위가 설정되었다!

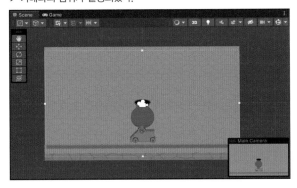

화면 크기와 애스펙트 비율

유니티로 게임을 만들 때 화면의 크기는 실행하는 PC나 스마트폰의 화면 크기와 해상도에 따라 달라집니다(유니티 에디터에서 실행할 때는 게임 뷰의 크기에 따라 달라집니다). 실행하는 환경에 따라서는 화면의 애스펙트 비율(폭과 높이의 비율)도 달라집니다. 애스펙트 비율을 명시적으로 지정하면 어떤 환경에서도 동일한 화면 비율을 유지할 수 있습니다.

게임을 실행할 때의 애스펙트 비율은 게임 뷰의 컨트롤 바에 있는 Free Aspect를 클릭하면 나타나는 드롭다운 리스트에서 선택합니다. 사용자가 직접 화면 비율을 정의하여 추가할 수도 있습니다.

▶ 애스펙트 비율 설정하기

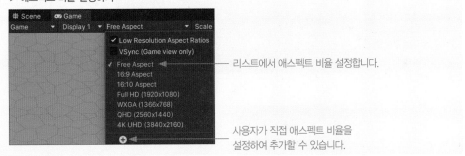

4.5 플레이어 제어하기

키 입력으로 플레이어를 제어할 수 있도록 합시다. 이제부터 게임을 제어하는 스크립트가 등장합니다.

4.5.1 스크립트 추가하기

유니티에서는 캐릭터나 배경 표시 등 일반적인 게임에서 대부분 공통으로 처리되는 동작을 자동으로 처리해줍니다. 하지만 캐릭터의 동작 등 개별 게임마다 필요한 처리는 스스로 만들어야 합니다.

일반적인 게임에서는 목적에 맞게 여러 스크립트를 작성합니다. 이 예제에서도 플레이어를 제어하는 스크립트, 포탄을 발사하는 스크립트, 병아리를 생성하는 스크립트 등을 만듭니다.

스크립트는 다음 순서로 만듭니다.

> 1 프로젝트 창에 스크립트 파일 추가
> 2 스크립트 작성(프로그래밍)
> 3 스크립트를 오브젝트에 설정(어태치)

먼저 **플레이어를 제어하는 스크립트**를 만들어봅시다. 스크립트는 프로젝트 창에서 +를 클릭하면 나타나는 드롭다운 리스트에서 C# Script를 선택하여 만듭니다.

1단계 스크립트 추가하기

스크립트가 추가됩니다.

2단계 스크립트의 이름 변경하기

유니티는 C#이라는 프로그래밍 언어를 사용하여 스크립트를 작성합니다. 스크립트는 다음 URL에서 다운로드할 수 있습니다.

- **다운로드 링크**

  URL https://www.hanbit.co.kr/src/11078

4.5.2 스크립트 작성하기

추가한 스크립트의 내용을 작성합니다. 이번에 만들 내용은 **좌우 방향키에 맞춰 플레이어가 움직이도록** 처리하는 것입니다. 또한 스테이지에서 플레이어가 떨어지지 않도록 **이동 범위를 제한하는 처리**도 작성합니다.

유니티에는 스크립트를 작성하기 위한 에디터가 마련되어 있습니다. macOS와 윈도우 모두 비주얼 스튜디오[2]를 사용합니다. 비주얼 스튜디오는 유니티를 설치할 때 함께 설치됩니다. 프로젝트 창에서 스크립트 아이콘을 더블 클릭하면 에디터가 실행되어 편집할 수 있습니다.

---

2 비주얼 스튜디오(Visual Studio)를 실행하면 로그인을 요청하는 경우가 있습니다. 이때는 마이크로소프트 계정을 만들어서 로그인하거나 이미 계정이 있으면 해당 계정으로 로그인합니다.

1단계 에디터 실행하기

1 PlayerController 더블 클릭

에디터가 실행됩니다.

2단계 스크립트 작성하기

```
1   using System.Collections;
2   using System.Collections.Generic;
3   using UnityEngine;
4
5   public class PlayerController : MonoBehaviour{
6       public float speed = 8f;
7       public float moveableRange = 5.5f;
8
9       // Update is called once per frame
10      void Update(){
11          transform.Translate(Input.GetAxisRaw(
12              "Horizontal") * speed * Time.deltaTime, 0, 0);
13          transform.position = new Vector2(Mathf.Clamp(
14              transform.position.x, -moveableRange, moveableRange),
15              transform.position.y);
16      }
17
18  }
```

1 스크립트 작성하기

익숙해지기 전에는 스크립트를 전부 작성하는 것이 쉽지 않습니다. 홈페이지에서 스크립트의 내용을 다운로드할 수 있습니다. Unity2022Sample/Script/Chapter4/Text 폴더의 텍스트 파일 내용을 복사해서 사용하기 바랍니다.

처음에는 스크립트의 내용을 이해하기 어려울 수 있습니다. **이 책을 통해 '스크립트 안에서 무엇을 하고 있는가'와 '스크립트를 어떻게 사용할 것인가'를 중점적으로 배워나갑시다.**

입력한 스크립트의 내용은 다음과 같습니다.

script PlayerController.cs : 플레이어를 제어하는 처리

```
1   using System.Collections;
2   using System.Collections.Generic;          ❶
3   using UnityEngine;
4
5   public class PlayerController : MonoBehaviour   ❷
6   {
7       public float speed = 8f;
8       public float moveableRange = 5.5f;          ❸
9
10      // Update is called once per frame
11      void Update()                               ❹
12      {
13          transform.Translate(Input.GetAxisRaw(
14              "Horizontal") * speed * Time.deltaTime, 0, 0);   ❺
15          transform.position = new Vector2(Mathf.Clamp(
16              transform.position.x, -moveableRange, moveableRange),   ❻
17              transform.position.y);
18      }
19  }
```
Unity2022Sample/Script/Chapter4/Text/PlayerController_1.txt

|코드 설명| 플레이어를 제어하는 스크립트

이 스크립트는 다음과 같은 동작을 처리하고 있습니다.

❶ 사용할 라이브러리 선언

먼저 스크립트에서 사용할 라이브러리를 선언합니다. 라이브러리는 스크립트에서 사용할 기본적인 기능을 묶어둔 것입니다. using을 이용하여 선언하면 스크립트에서 사용할 수 있습니다. using UnityEngine 한 줄로 유니티에 포함된 라이브러리를 사용할 수 있게 됩니다.

```
1  using System.Collections;
2  using System.Collections.Generic;
3  using UnityEngine;
```

❷ 클래스 선언

클래스를 선언합니다. class 다음에 클래스 이름을 지정합니다. 보통 클래스와 스크립트 파일 이름은 같게 만듭니다(같지 않으면 나중에 오브젝트에 어태치할 수 없습니다). 이 클래스의 이름은 PlayerController입니다.

```
5  public class PlayerController : MonoBehaviour
```

❸ 변수 선언

스크립트 안에서 사용할 변수를 선언합니다. 예제에서는 플레이어의 이동 속도를 위한 speed 와 플레이어의 이동 범위를 위한 moveableRange를 선언했고 각각의 초깃값을 설정했습니다.

```
7      public float speed = 8f;
8      public float moveableRange = 5.5f;
```

❹ Update 함수

Update는 게임 플레이 중에 반복해서 호출되는 함수입니다. 이 안에서 '키 입력을 받아 플레이어를 움직이는 동작 처리'와 '플레이어의 이동 범위를 제한하는 처리'를 작성합니다.

```
11     void Update()
```

⑤ 플레이어를 움직이는 동작 처리

transform.Translate는 오브젝트를 이동시키는 명령입니다.

Input.GetAcisRaw는 키 입력에 따라 값을 얻는 명령으로 Horizontal은 좌우 방향키(또는 A 와 D 키)를 의미합니다. 오른쪽 방향키(D 키)를 누르면 '1'을, 왼쪽 방향키(A 키)를 누르면 '−1'을 반환하므로 이 값에 이동 거리 변수인 speed를 곱하면 좌우로 얼마만큼 이동할지 정해집니다.

Time.deltaTime을 곱하여 실행될 기기와 관계없이 1초간(시간 기준) 진행할 거리를 정할 수 있습니다. 이것은 게임이 실행되는 기기에 상관없이 실행 속도가 달라지지 않도록 하려는 방법입니다. 단순하게 Update 함수에서 반복되는 기능을 처리하면 기기의 성능에 따라 함수가 호출되는 횟수가 달라집니다. 예를 들어 높은 성능의 기기에서는 빠르게 이동합니다. Time.deltaTime을 사용하면 어떤 기기에서도 실행 간격이 같아지도록 유니티가 처리해줍니다.

```
13        transform.Translate(Input.GetAxisRaw(
14            "Horizontal") * speed * Time.deltaTime, 0, 0);
```

⑥ 플레이어의 이동 범위를 제한하는 처리

플레이어가 이동할 수 있는 범위를 제한합니다. 만일 플레이어가 끝없이 움직일 수 있다면 결국 카메라 밖으로 벗어나 바닥으로 떨어지게 됩니다. 따라서 플레이어가 이동할 수 있는 범위를 스테이지의 바닥으로 한정 짓고 있습니다. Mathf.Clamp(transform.position.x, -moveableRange, moveableRange)로 플레이어의 X축 위치에 최솟값과 최댓값을 지정합니다. Y축에 대해서는 제한할 필요가 없으므로 그대로 둡니다.

moveableRange는 플레이어의 이동 범위를 정하는 변수입니다. 선언할 때 5.5를 설정했습니다 (8번째 줄). 따라서 이동 범위가 −5.5에서 5.5 사이로 제한됩니다.

```
15        transform.position = new Vector2(Mathf.Clamp(
16            transform.position.x, -moveableRange, moveableRange),
17            transform.position.y);
```

4.5.3 스크립트를 오브젝트에 어태치하기

프로젝트 창에 추가된 스크립트를 게임에서 사용하려면 오브젝트에 설정(어태치)해야 합니다. PlayerController는 플레이어를 움직이게 하기 위한 스크립트이므로 플레이어 오브젝트인 Player에 어태치합니다.

1단계 스크립트를 오브젝트에 어태치하기

1 PlayerController 클릭

2 프로젝트 창의 PlayerController를 계층 창의 Player로 드래그 앤 드롭

설정할 오브젝트로 드래그 앤 드롭합니다.

스크립트를 설정한 오브젝트에는 '스크립트 이름(Script)'이라는 컴포넌트가 추가됩니다. 인스펙터 창에서 확인할 수 있습니다.

▶ Player의 컴포넌트

← 스크립트 컴포넌트가 추가되었습니다.

스크립트 컴포넌트

스크립트 컴포넌트의 내용을 살펴봅시다. Speed와 Moveable Range라는 항목이 있습니다. 어디서 본 듯한 항목입니다. 같은 이름이 스크립트에 변수로 선언되어 있습니다.

유니티의 스크립트는 함수 밖에서 public으로 선언한 변수가 속성이 되어 인스펙터 창에서 컴포넌트의 항목으로 직접 값을 변경할 수 있습니다.

이것은 유니티의 가장 큰 특징 중 하나입니다. 게임을 만들 때는 캐릭터의 공격력이나 이동 속도 등 여러 속성값을 조절하면서 균형을 맞춥니다. 유니티는 개발 화면에서 동작을 확인하면서 속성값을 조절할 수 있기 때문에 효율적으로 개발할 수 있습니다.

4.5.4 게임을 실행하여 동작 확인하기

이제 키 입력에 따라 플레이어를 좌우로 이동할 수 있습니다. 게임을 실행하여 확인해봅시다.

▶ 게임 실행하기

1 플레이 버튼 클릭

게임 동작을 확인한 후에는 다시
플레이 버튼을 클릭하여 실행을
중지합니다.

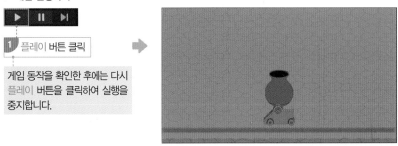

4.6 포탄 발사하기

포탄을 만듭시다. 이때 유니티의 특징적인 기능인 프리팹Prefab을 이용합니다.

4.6.1 CannonBall 추가하기

포탄의 스프라이트는 ChickGameMaterials_5입니다. 프로젝트 창에서 계층 창으로 드래그
앤 드롭하여 포탄 오브젝트를 추가합니다.

1단계 ChickGameMaterials_5 배치하기

1 ChickGameMaterials_5 클릭

2 프로젝트 창의 ChickGameMaterials_5를
계층 창으로 드래그 앤 드롭

2단계 ChickGameMaterials_5의 이름 변경하기

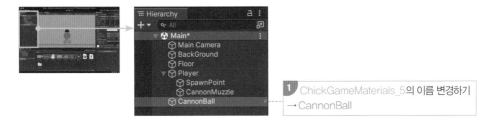

2단계 ChickGameMaterials_5의 이름 변경하기

1 ChickGameMaterials_5의 이름 변경하기
→ CannonBall

3단계 Order in Layer 설정하기

계층 창에서 CannonBall
선택해두기

CannonBall의 위치는
변경하지 않습니다.

1 Order in Layer 값 설정하기
→ 1

4.6.2 물리 적용과 충돌 판정 추가하기

포탄에 중력이 작용하도록 Rigidbody 2D 컴포넌트를 추가합니다. 또한 다른 오브젝트와 충돌 판정이 가능하도록 Circle Collider 2D 컴포넌트를 추가합니다.

1단계 Rigidbody 2D 추가하기

1 CannonBall 클릭

2 Add Component 클릭

3 Physics 2D 클릭

4 Rigidbody 2D 클릭

2단계 Circle Collider 2D 추가하기

계층 창에서 CannonBall 선택해두기

1 Add Component 클릭

2 Physics 2D 클릭

3 Circle Collider 2D 클릭

▶ 포탄에 충돌 판정이 설정되었다!

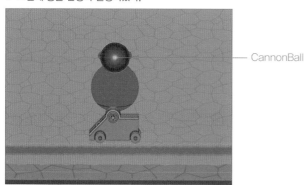

CannonBall

콜라이더와 충돌 판정 크기

유니티에서 제공하는 기본 리소스에는 자신과 같은 모양의 콜라이더가 미리 설정되어 있습니다. 이번 예제처럼 스프라이트로 만들어진 오브젝트에 콜라이더를 추가하면 오브젝트의 크기에 맞춰 콜라이더가 설정됩니다.

▶ 오브젝트에 콜라이더 설정하기

콜라이더 컴포넌트에 있는 Size나 Radius를 변경하면 콜라이더의 크기를 변경할 수 있습니다. 이렇게 해서 오브젝트의 충돌 판정 영역 크기를 조절할 수 있습니다. Offset으로 콜라이더의 위치를 지정한 방향으로 어긋나게 할 수 있으며 오브젝트와 다른 모양의 콜라이더를 설정하거나 하나의 오브젝트에 여러 개의 콜라이더를 설정할 수도 있습니다.

▶ 콜라이더의 크기나 위치 바꾸기

컴포넌트 제거하기

오브젝트에 설정한 컴포넌트를 제거하려면 인스펙터 창에서 컴포넌트 이름 오른쪽에 있는 ⋮ 아이콘을 클릭한 뒤 드롭다운 리스트에서 Remove Component를 선택합니다.

▶ 컴포넌트 제거하기

4.6.3 CannonBall을 프리팹으로 만들기

프리팹이란 도장을 찍듯이 오브젝트를 복제할 수 있는 유니티의 기능입니다. 포탄(CannonBall)을 프리팹으로 만들어서 복제할 수 있게 만듭시다.

계층 창에 만들어진 오브젝트를 프로젝트 창으로 드래그 앤 드롭하면 오브젝트를 프리팹으로 만들 수 있습니다.

1단계 프리팹 만들기

1 계층 창의 CannonBall을 프로젝트 창으로 드래그 앤 드롭

2 CannonBall의 이름 변경하기 → CannonBallPrefab

클릭해서 편집 가능하게 만들고 이름을 변경합니다.

포탄(CannonBall)은 게임을 실행한 후 스크립트로 생성합니다. 게임을 시작했을 때는 씬에
포탄이 보일 필요가 없으므로 제거합니다.

▶ 게임을 시작한 뒤에 포탄 만들기

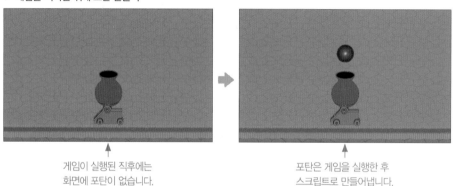

프리팹과 인스턴스

프로젝트 창의 프리팹은 계층 창으로 드래그 앤 드롭하여 씬에 배치할 수 있습니다. 하나의 프리팹으로 여러 오
브젝트를 만들 수 있어 같은 설정(모양이나 충돌 판정 등)의 오브젝트를 쉽게 만들 수 있습니다.

프리팹으로 만들어진 오브젝트를 인스턴스라고 부릅니다. 인스턴스는 드래그 앤 드롭뿐만 아니라 스크립트로
만들 수도 있습니다.

▶ 프리팹으로 오브젝트 만들기

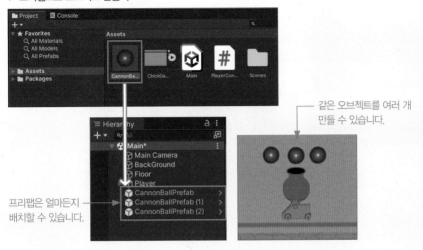

같은 오브젝트를 여러 개
만들 수 있습니다.

프리팹은 얼마든지
배치할 수 있습니다.

인스턴스를 한꺼번에 변경하기

Prefab 모드로 들어가서 프리팹의 설정을 변경하면 해당 프리팹으로 만들어진 모든 인스턴스에 변경이 반영됩니다. 반대로 계층 창에서 인스턴스의 설정을 변경하면 원본 프리팹이나 다른 인스턴스에 반영되지 않습니다.

모든 프리팹을 한꺼번에 변경하려면 Prefab 모드에서 프리팹을 편집하고, 개별 인스턴스를 변경하려면 계층 창의 인스턴스를 편집합니다.

프리팹 모드로 들어가는 방법은 3가지입니다.

- 프로젝트 창에서 프리팹을 더블 클릭하는 방법
- 계층 창에서 프리팹 인스턴스의 오른쪽에 있는 화살표를 클릭하는 방법
- 프리팹이나 프리팹 인스턴스의 인스펙터 창에서 Open이나 Open Prefab 버튼을 클릭하는 방법

▶ 프리팹 모드로 들어가는 3가지 방법

프리팹 더블 클릭

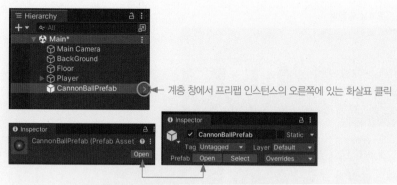

계층 창에서 프리팹 인스턴스의 오른쪽에 있는 화살표 클릭

프리팹이나 프리팹 인스턴스의 인스펙터 창에서
Open이나 Open Prefab 버튼 클릭

▶ 프리팹을 변경하면 모든 인스턴스에 반영된다

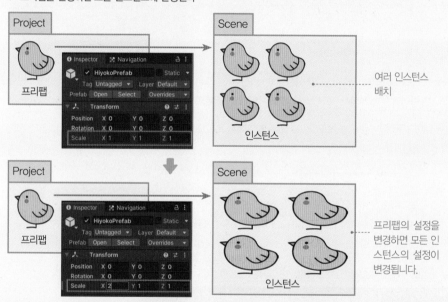

여러 인스턴스
배치

프리팹의 설정을
변경하면 모든 인
스턴스의 설정이
변경됩니다.

한편 인스턴스의 변경을 프리팹에 반영하려면 인스펙터 창에서 값을 변경하고 Overrides를 클릭하면 나타나
는 화면에서 Apply All 버튼을 클릭합니다.

▶ 인스턴스 변경 프리팹에 반영하기

← 값을 변경한 후 Overrides → Apply All 클릭

4.6.4 포탄 발사하기

스페이스 바를 누르면 포탄이 발사되도록 합시다. 플레이어를 움직이는 스크립트(Player Controller)에 앞서 만든 프리팹을 스크립트로 생성하는 처리를 추가합니다.

1단계 PlayerController 열기

1 PlayerController 더블 클릭

2단계 스크립트 작성하기

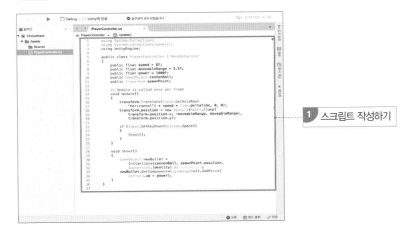

1 스크립트 작성하기

script PlayerController.cs : 플레이어를 제어하는 처리(발사 처리 추가)

```
1   using System.Collections;
2   using System.Collections.Generic;
3   using UnityEngine;
4
5   public class PlayerController : MonoBehaviour
6   {
7       public float speed = 8f;
8       public float moveableRange = 5.5f;
9       public float power = 1000f;
10      public GameObject cannonBall;                                        ❶
11      public Transform spawnPoint;
12
13      // Update is called once per frame
14      void Update()
15      {
16          transform.Translate(Input.GetAxisRaw(
17              "Horizontal") * speed * Time.deltaTime, 0, 0);
18          transform.position = new Vector2(Mathf.Clamp(
19              transform.position.x, -moveableRange, moveableRange),
20              transform.position.y);
21
22          if (Input.GetKeyDown(KeyCode.Space))
23          {
24              Shoot();                                                     ❷
25          }
```

```
26      }
27
28      void Shoot()  ●───────────────────────────────────────────●③
29      {
30          GameObject newBullet =
31              Instantiate(cannonBall, spawnPoint.position,  ●───●④
32              Quaternion.identity) as GameObject;
33          newBullet.GetComponent<Rigidbody2D>().AddForce(
34              Vector3.up * power);                          ●───●⑤
35      }
36  }
```
Unity2022Sample/Script/Chapter4/Text/PlayerController_2.txt

|코드 설명| 포탄을 발사하는 스크립트

PlayerController에 추가한 내용을 살펴봅시다.

❶ 변수 선언

power는 포탄의 위력(발사되는 힘)을 설정하기 위한 변수입니다. 초깃값은 1000으로 설정합니다. 위력의 값은 인스펙터 창에서 변경할 수 있습니다.

cannonBall은 발사할 포탄 오브젝트를 설정하는 변수입니다. 여기에는 앞서 만든 포탄 프리팹을 어태치합니다. spawnPoint는 포탄의 발사 시작 위치를 설정하기 위한 변수입니다. 여기에는 발사대 오브젝트를 어태치합니다. 오브젝트의 설정은 인스펙터 창에서 합니다.

```
 9      public float power = 1000f;
10      public GameObject cannonBall;
11      public Transform spawnPoint;
```

❷ 입력된 키 획득과 함수 호출

Input.GetKeyDown(KeyCode.Space)를 if 문의 조건으로 하여 스페이스 바가 입력되면 함수를 호출합니다. 여기서는 포탄을 발사하는 Shoot 함수를 호출합니다.

```
22      if (Input.GetKeyDown(KeyCode.Space))
23      {
24          Shoot();
25      }
```

❸ 포탄을 발사하는 함수

Shoot 함수는 포탄을 발사하는 처리를 합니다.

```
28        void Shoot()
```

❹ 인스턴스 생성

cannonBall 변수에 설정된 프리팹에서 인스턴스 newBullet을 생성합니다. 생성되는 위치
는 spawnPoint 변수에 설정된 오브젝트의 위치 정보(Position)를 지정합니다. Quaternion.
identity를 할당하고 각도(Rotation)에는 0, 0, 0을 지정합니다.

```
30        GameObject newBullet =
31            Instantiate(cannonBall, spawnPoint.position,
32            Quaternion.identity) as GameObject;
```

❺ 인스턴스 이동하기

AddForce는 오브젝트에 물리적인 힘을 더하기 위한 함수입니다(지정한 방향과 힘으로 오브
젝트에 물리적인 힘을 적용합니다). 인스턴스(newBullet)의 Rigidbody 2D 컴포넌트에
AddForce 함수로 물리적인 힘을 더해서 인스턴스가 이동하도록 합니다.

AddForce 함수는 발사할 방향을 벡터(Vector3)로 지정합니다. Vector3.up은 Vector3(0,
1, 0)과 같은 내용으로 위쪽 방향(Y축 정방향)을 의미합니다. power는 포탄의 위력을 나타내
는 변수입니다.

```
33        newBullet.GetComponent<Rigidbody2D>().AddForce(
34            Vector3.up * power);
```

4.6.5 속성 설정하기

스크립트에서 public으로 선언한 변수는 속성값으로 인스펙터 창에서 변경 가능합니다. 예제
에서는 프리팹과 발사대 오브젝트를 지정하기 위한 속성을 만들어두었습니다. 각각 설정해봅
시다.

프리팹은 앞에서 만든 CannonBallPrefab을 사용하고, 발사대 오브젝트에는 플레이어를 만들 때 사용했던 SpawnPoint를 설정합니다.

1단계 CannonBallPrefab 어태치하기

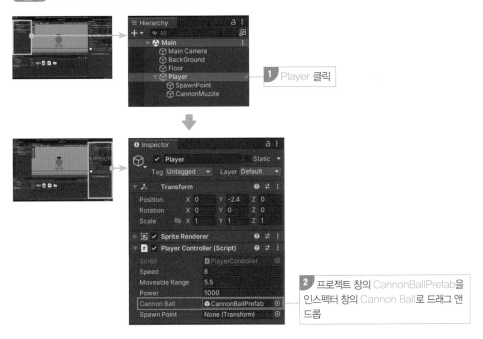

2단계 SpawnPoint 어태치하기

게임을 실행하고 스페이스 바를 누르면 포탄(CannonBall)이 발사되는 것을 확인할 수 있습니다. 포탑 끝에서 포탄이 발사되는 것처럼 보이도록 SpawnPoint의 위치를 조절합니다

▶ 포탄이 발사된다!

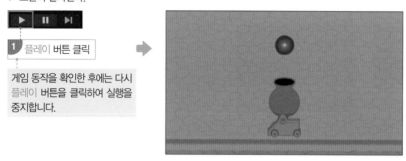

1 플레이 버튼 클릭

게임 동작을 확인한 후에는 다시 플레이 버튼을 클릭하여 실행을 중지합니다.

게임 실행 중에 실수로 변경하지 않기 위한 팁

게임 뷰에서 게임을 실행 중일 때 값을 변경하면서 동작을 확인할 수 있습니다. 게임 실행 중에 씬 뷰를 표시하여 오브젝트의 위치를 이동하면 실시간으로 게임 뷰의 화면에 변경한 내용이 반영됩니다. 하지만 게임 실행 중인 상태에서 변경한 내용은 게임을 종료하면 실행 전 상태로 되돌아갑니다. 열심히 변경한 내용이 사라져버리므로 다음과 같은 방법을 사용해서 실수를 방지합시다.

유니티에서는 게임이 실행 중일 때 에디터의 색상을 변경할 수 있습니다. 예를 들어 다음 그림과 같이 에디터 색상을 붉은색으로 표시할 수 있습니다.

▶ 게임이 실행 중일 때 에디터 색상 변경하기

이렇게 해두면 게임이 실행 중일 때 씬을 편집하는 실수를 예방할 수 있습니다. 에디터의 색상은 Unity → Preferences 메뉴(윈도우는 Edit → Preferences 메뉴)를 선택하면 나타나는 Unity Preferences 화면에서 Colors → PlayMode tint 항목의 색상으로 설정합니다.

▶ 에디터의 색상 설정하기

이 항목의 색상을 변경

4.6.6 일정 시간이 경과하면 포탄이 사라지도록 하기

포탄이 발사되게 만들었지만 지금 상태로는 포탄이 계속 바닥에 남아 있습니다. 포탄은 발사된 후 일정 시간이 경과하면 사라지게 만듭시다.

먼저 일정 시간이 경과하면 오브젝트가 사라지게 하는 스크립트를 작성합니다.

1단계 DestroyObj 스크립트 만들기

2단계 스크립트 작성하기

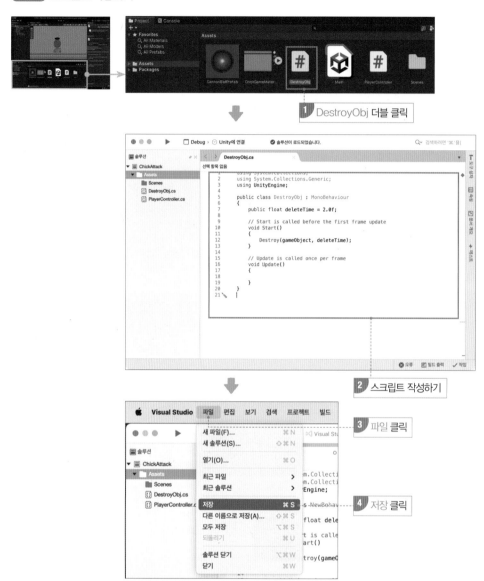

1 DestroyObj 더블 클릭

2 스크립트 작성하기

3 파일 클릭

4 저장 클릭

`script` DestroyObj.cs : 일정 시간 경과 후 제거 처리

```
1  using System.Collections;
2  using System.Collections.Generic;
```

```
 3  using UnityEngine;
 4
 5  public class DestroyObj : MonoBehaviour
 6  {
 7      public float deleteTime = 2.0f;  ●──────────────────────────────────❶
 8
 9      // Start is called before the first frame update
10      void Start()
11      {
12          Destroy(gameObject, deleteTime);  ●──────────────────────────────❷
13      }
14
15      // Update is called once per frame
16      void Update()
17      {
18
19      }
20  }
```
Unity2022Sample/Script/Chapter4/Text/DestroyObj.txt

|코드 설명| 일정 시간 경과 후 제거 처리하는 스크립트

DestroyObj의 내용을 살펴봅시다.

❶ 변수 선언

deleteTime은 제거될 시간을 지정하는 변수입니다. 초깃값은 2초로 설정합니다. public으로
선언되어 인스펙터 창에서 변경 가능합니다.

```
 7      public float deleteTime = 2.0f;
```

❷ 오브젝트 제거

Destroy는 유니티에서 제공하는 오브젝트를 제거하기 위한 함수입니다. 예제에서는 delete
Time 변수에 설정된 시간이 지나면 스크립트가 설정된 오브젝트를 제거합니다.

```
12          Destroy(gameObject, deleteTime);
```

4.6.7 스크립트를 프리팹에 어태치하기

DestroyObj 스크립트를 오브젝트에 어태치합시다. 예제에서는 스크립트로 만들어진 모든 인 스턴스에 적용하기 위해 원본 프리팹인 CannonBallPrefab의 프리팹 모드에서 스크립트를 어태치합니다.

1단계 스크립트를 프리팹에 어태치하기

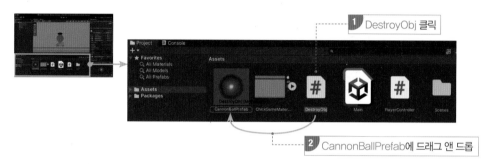

이제 포탄이 발사된 후 일정 시간이 경과하면 사라집니다.

폴더로 관리하기

보통 게임을 만들 때는 스크립트나 스프라이트 등 다양한 종류의 수많은 에셋을 사용하게 됩니다. 이러한 대량 의 에셋을 프로젝트 창에 그대로 두면 관리하기 힘듭니다. 이럴 때는 폴더로 나누어 관리합니다.

프로젝트 창의 안쪽을 우클릭하고 Create → Folder를 선택하면 새로운 폴더가 만들어집니다. Script나 Prefab 등 오브젝트 종류별로 이름을 붙여 에셋을 효율적으로 관리할 수 있습니다.

▶ 프로젝트 창에 폴더 추가하기

폴더를 추가하여 같은 종류의 에셋 관리하기

NOTE_ 예제에서 만든 스크립트는 다른 게임에서도 사용할 수 있습니다. 다른 게임의 프로젝트 창으로 드래그 앤 드롭하여 프로젝트에 추가하면 됩니다.

4.7 병아리 구슬 만들기

굴러떨어지는 병아리 구슬을 만듭시다. 프리팹과 스크립트를 조합하여 병아리 구슬이 일정 시간 주기로 생성되도록 합니다.

4.7.1 경사면 배치하기

병아리 구슬이 떨어지는 경사면을 배치합니다. 경사면은 바닥에 이용한 ChickGameMaterials_0로 만듭니다.

1단계 ChickGameMaterials_0 배치하기

1 ChickGameMaterials_0 클릭

2 프로젝트 창의 ChickGameMaterials_0를 계층 창으로 드래그 앤 드롭

3 ChickGameMaterials_0의 이름 변경하기 → Slope

2 단계 Slope의 위치, 각도, 크기 변경하기

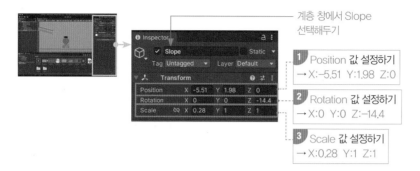

계층 창에서 Slope
선택해두기

1 Position 값 설정하기
→ X:-5.51 Y:1.98 Z:0

2 Rotation 값 설정하기
→ X:0 Y:0 Z:-14.4

3 Scale 값 설정하기
→ X:0.28 Y:1 Z:1

3 단계 Order in Layer 설정하기

계층 창에서 Slope
선택해두기

1 Order in Layer 값 설정하기
→ 1

4 단계 Box Collider 2D 추가하기

계층 창에서 Slope
선택해두기

1 Add Component 클릭

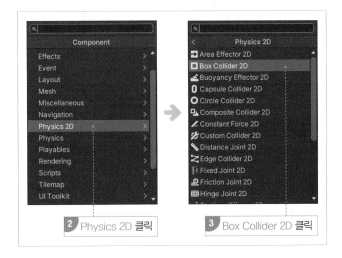

2 Physics 2D 클릭

3 Box Collider 2D 클릭

▶ 경사면이 배치되었다!

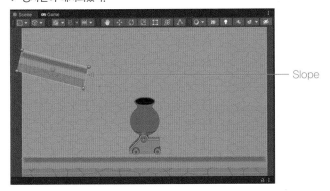

Slope

4.7.2 병아리 구슬 만들기

굴러떨어지는 병아리 구슬을 만듭시다. 병아리 구슬은 스프라이트 ChickGameMaterials_1을
이용하여 만듭니다.

1단계 ChickGameMaterials_1 배치하기

1 ChickGameMaterials_1 클릭

2 프로젝트 창의 ChickGameMaterials_1을
계층 창으로 드래그 앤 드롭

3 ChickGameMaterials_1의 이름 변경하기
→ ChickBall

2 단계 Order in Layer 설정하기

계층 창에서 ChickBall
선택해두기

1 Order in Layer 값 설정하기
→ 2

3 단계 Rigidbody 2D 추가하기

계층 창에서 ChickBall
선택해두기

1 Add Component 클릭

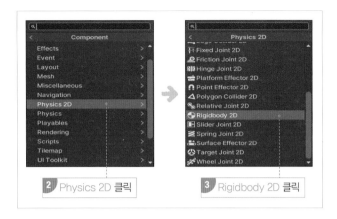

4 단계 Circle Collider 2D 추가하기

계층 창에서 ChickBall
선택해두기

1 Add Component 클릭

2 Physics 2D 클릭

3 Circle Collider 2D 클릭

▶ 병아리 구슬이 추가되었다!

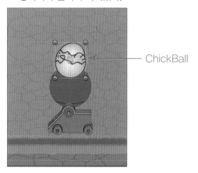

— ChickBall

4.7.3 병아리 구슬을 프리팹으로 만들기

병아리 구슬을 프리팹으로 만들어서 스크립트에서 생성할 수 있게 합시다.

1단계 프리팹 추가하기

1 계층 창의 CannonBall을
프로젝트 창으로 드래그 앤 드롭

2 ChickBall의 이름 변경하기
→ ChickBallPrefab

클릭하여 편집할 수 있게 만들고
이름을 변경합니다.

2단계 ChickBall 제거하기

4.7.4 병아리 구슬을 스크립트로 생성하기

병아리 구슬을 생성할 스크립트를 작성합니다.

1단계 ChickGenerator 스크립트 만들기

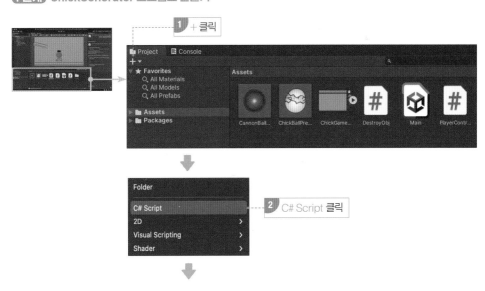

NewBehaviourScript가
생성됩니다.

3 NewBehaviourScript의
이름 변경하기
→ ChickGenerator

2단계 스크립트 작성하기

1 ChickGenerator 더블 클릭

```
using System.Collections;
using System.Collections.Generic;
using UnityEngine;

public class ChickGenerator : MonoBehaviour
{
    public GameObject obj;
    public float interval = 3.0f;

    // Start is called before the first frame update
    void Start()
    {
        InvokeRepeating("SpawnObj", 0.1f, interval);
    }

    // Update is called once per frame
    void SpawnObj()
    {
        Instantiate(obj, transform.position, transform.rotation);
    }
}
```

2 스크립트 작성하기

³ 파일 클릭

⁴ 저장 클릭

script ChickGenerator.cs : 병아리 구슬 생성

```csharp
 1  using System.Collections;
 2  using System.Collections.Generic;
 3  using UnityEngine;
 4
 5  public class ChickGenerator : MonoBehaviour
 6  {
 7      public GameObject obj;
 8      public float interval = 3.0f;
 9
10      // Start is called before the first frame update
11      void Start()
12      {
13          InvokeRepeating("SpawnObj", 0.1f, interval);
14      }
15
16      // Update is called once per frame
17      void SpawnObj()
18      {
19          Instantiate(obj,transform.position,transform.rotation);
20      }
21  }
```

❶ (lines 7-8)
❷ (line 13)
❸ (lines 17-20)

.Unity2022Sample/Script/Chapter4/Text/ChickGenerator.txt

|코드 설명| 병아리 구슬을 생성하는 스크립트

ChickGenerator의 내용을 살펴봅시다.

❶ 변수 선언

obj는 병아리 구슬 프리팹을 할당할 변수입니다. public으로 선언하여 인스펙터 창에서 설정할 수 있도록 합니다.

interval은 생성 주기를 설정할 변수이며 초깃값을 3초로 설정합니다. interval도 public으로 선언하여 인스펙터 창에서 설정할 수 있도록 합니다.

```
7       public GameObject obj;
8       public float interval = 3.0f;
```

❷ 일정 시간 간격으로 생성

InvokeRepeating 함수를 사용하면 일정 시간 간격으로 함수를 호출할 수 있습니다. 게임이 실행되고 나서 0.1초 뒤에 한 번 호출되고, 이후 3초 간격으로(초깃값으로 3초가 설정됨) SpawnObj 함수가 호출됩니다.

```
13          InvokeRepeating("SpawnObj", 0.1f, interval);
```

❸ 병아리 구슬 생성

SpawnObj는 병아리 구슬을 생성하는 함수입니다. obj에 설정된 프리팹을 인스턴스로 만듭니다. 스크립트가 설정된 오브젝트의 위치에 병아리 구슬이 생성됩니다.

```
17      void SpawnObj()
18      {
19          Instantiate(obj,transform.position,transform.rotation);
20      }
```

4.7.5 생성 위치 설정하기

병아리 구슬을 생성하는 스크립트를 설정할 오브젝트를 준비합니다. 빈 오브젝트를 추가하고 Chick Generator를 어태치합니다. 이렇게 하면 빈 오브젝트의 위치에서 병아리 구슬이 생성됩니다.

1단계 빈 오브젝트 추가하기

1 + 클릭

2 Create Empty 클릭

← 빈 오브젝트가 생성됩니다.

3 GameObject의 이름 변경하기
→ ChickPoint

2단계 ChickPoint의 위치 설정하기

계층 창에서 ChickPoint 선택해두기

1 Position 값 설정하기
→ X:-5.6 Y:3.5 Z:0

3단계 ChickPoint에 ChickGenerator 어태치하기

1 ChickGenerator 클릭

2 프로젝트 창의 ChickGenerator를
계층 창의 ChickPoint로 드래그 앤 드롭

▶ 생성 위치가 만들어졌다!

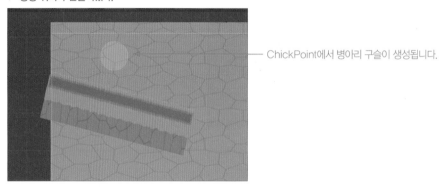

ChickPoint에서 병아리 구슬이 생성됩니다.

4.7.6 속성 설정하기

병아리 구슬 프리팹을 속성에 어태치합니다.

1단계 ChickBall 어태치하기

1 ChickPoint 클릭

2 프로젝트 창의 ChickBallPrefab을 인스펙터 창의 Obj로 드래그 앤 드롭

이제 일정 시간 간격으로 병아리 구슬이 생성됩니다. 게임을 실행하여 확인해보세요.

▶ 병아리 구슬이 생성된다!

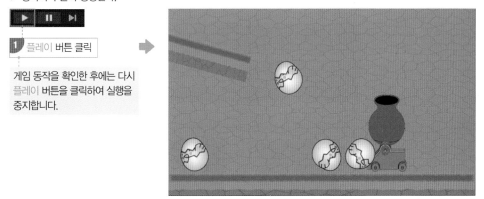

1 플레이 버튼 클릭

게임 동작을 확인한 후에는 다시 플레이 버튼을 클릭하여 실행을 중지합니다.

4.8 기능 개선하기

마지막으로 기능을 좀 더 개선한 후 마무리합니다.

4.8.1 병아리 구슬에 탄성 주기

병아리 구슬이 벽이나 포탄과 충돌했을 때 튕겨 나오도록 반발계수를 설정해봅시다. 오브젝트가 접촉했을 때 마찰이나 반발을 설정하려면 앞 장에서 배운 Physic Material을 사용합니다. 유니티에는 2D 게임용 Physics Material 2D가 마련되어 있습니다. 이를 이용하면 손쉽게 탄력 있는 공을 만들거나 반대로 점토처럼 전혀 튀어 오르지 않도록 할 수도 있습니다.

1단계 Physics Material 2D 만들기

1 + 클릭

2 Physics Material 2D 클릭

New Physics Material
2D가 만들어집니다.

3 New Physics Material 2D의
이름 변경하기
→ ChickPhysics

2 단계 ChickPhysics를 ChickBallPrefab에 설정하기

1 ChickBallPrefab 클릭

2 프로젝트 창의 ChickPhysics를 인스펙터 창의 Material로 드래그 앤 드롭

3 단계 마찰과 반발 설정하기

1 ChickPhysics 클릭

2 Friction 값 설정하기 → 0.1

3 Bounciness 값 설정하기 → 1

이제 병아리 구슬이 탄력 있게 튀어 오릅니다. 값을 설정해 튕김 정도를 조정할 수 있습니다.

Physics Material 2D 설정

Physics Material 2D에는 Friction과 Bounciness라는 설정 항목이 있습니다. Friction은 마찰계수이며 0은 마찰이 전혀 없는 상태(빙판 위와 같은 상태)입니다. Bounciness는 반발계수이며 0은 탄성이 전혀 없는 상태입니다.

4.8.2 병아리 구슬을 일정 시간 뒤에 제거하기

지금 상태에서는 게임을 실행하는 동안 병아리 구슬이 계속 쌓입니다. 포탄과 마찬가지로 **일정 시간 뒤에 사라지도록** 해봅시다. 포탄에 사용했던 스크립트를 그대로 사용할 수 있습니다. 병아리 구슬의 프리팹에 스크립트를 적용해봅시다.

1단계 DestroyObj를 ChickBallPrefab에 설정하기

2 ChickBallPrefab에 드래그 앤 드롭

1 DestroyObj 클릭

2단계 Delete Time 설정하기

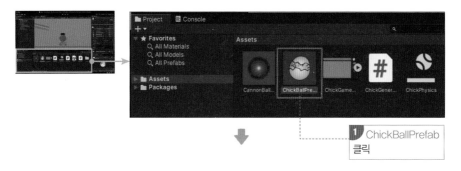

1 ChickBallPrefab 클릭

2 Delete Time 값 설정하기
→ 10

게임 빌드하기

지금까지 만든 게임을 빌드하여 유니티 에디터 밖에서도 실행되도록 해봅시다. 빌드는 Build Settings에서 합니다.

File → Build Settings 메뉴를 클릭하여 Build Settings를 연 뒤 Platform에서 플랫폼을 선택하고 Build 버튼을 클릭합니다.

플랫폼에는 PC, iOS, 안드로이드, 각종 콘솔 게임기기 등이 있습니다. 하나의 게임을 다양한 플랫폼용으로 빌드할 수 있는 것도 유니티의 강점입니다.

▶ 게임 빌드하기

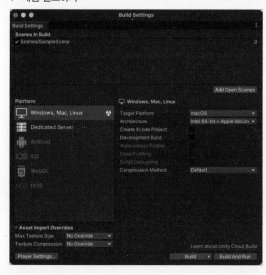

타일맵으로 스테이지 만들기

타일맵(Tilemap)은 그리기 도구로 그림을 그리는 느낌으로 2D 타일을 씬에 추가할 수 있는 기능입니다. 이를 이용하면 간단하게 2D 스테이지 등을 만들 수 있습니다. 타일맵은 계층 창에서 + → 2D Object → Tilemap을 클릭하면 이용할 수 있습니다.

▶ 타일맵으로 만든 스테이지

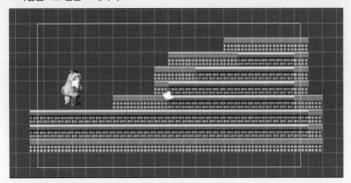

계층 창에는 Grid와 그 자식으로 Tilemap이 추가됩니다. 생성된 Tilemap에 타일을 배치합니다. Tilemap을 여러 개 추가하여 중첩시킬 수도 있습니다.

▶ 추가된 타일맵

상단 메뉴에서 Windows → 2D → Tile Palette를 클릭하여 Tile Palette를 연 뒤 타일로 사용할 스프라이트 리소스를 추가할 수 있습니다.

▶ Tile Palette

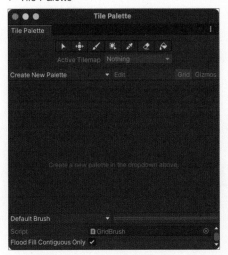

스프라이트 리소스는 미리 프로젝트에 추가해둡니다. 타일로 사용할 수 있는 스프라이트는 에셋 스토어에도 많으므로 찾아봅시다. 예시에서 사용한 에셋은 Free 8 Bit Pixcel Pack입니다. 에셋 스토어는 6장에서 자세히 설명합니다. 타일 팔레트에서 Create New Palette → Create를 클릭하여 팔레트를 만들고 스프라이트 리소스를 등록합니다.

▶ 스프라이트 등록하기

1 Create New Palette 클릭   2 Create 클릭   3 등록할 스프라이트를 프로젝트 창에서 드래그 앤 드롭

이제 팔레트에 있는 타일을 선택해서 타일맵에 배치하면 됩니다. 타일에 사용하는 스프라이트의 Pixels Per Unit 값을 스프라이트에 맞춰야 합니다. 예시에서 사용한 스프라이트의 크기는 32pixels X 32pixels이기 때문에 Pixels Per Unit의 값을 32로 설정합니다. 기본값인 100을 사용하면 스프라이트보다 그리드의 크기가 커져 각 스프라이트 사이에 간격이 생깁니다.

프로젝트 창에서 등록할 스프라이트를 선택하고 인스펙터 창에서 Pixels Per Unit의 값을 변경합니다.

▶ 크기 조절하기

타일맵에는 Tilemap Collider 2D라는 전용 콜라이더가 있어서 이 콜라이더를 타일맵에 추가하면 타일 모양에 따라 충돌 판정의 모양을 변경할 수 있습니다.

완성

이것으로 2D 게임을 완성했습니다. 예제에서는 스프라이트와 스크립트 및 프리팹의 사용법을 배웠습니다. 스크립트나 프리팹은 3D 게임에서도 동일한 방법으로 사용합니다. 유니티로 게임을 만들 때 반드시 사용하는 기능이므로 사용법을 숙지해두세요.

▶ 완성!

CHAPTER 5

게임 UI 만들기

| 5장에서 만들 예제 |

5장에서는 게임의 UI(유저 인터페이스)를 만들어봅니다. 유니티의 UI 시스템을 이용해 텍스트와 버튼 등을 만들 것입니다. 또한 시작 버튼으로 타이틀 화면에서 게임의 메인 화면으로 이동하는 예제를 만듭니다.

5장에서는 다음 내용을 배웁니다.

- UI 시스템 사용법
- UI 오브젝트의 위치 설정
- 다양한 UI 오브젝트
- 이미지 데이터 배치
- 버튼 배치
- 씬 이동 방법
- 버튼 클릭으로 함수를 실행하는 방법

▶ 5장에서 만들 예제의 완성 이미지

예제 프로젝트 → ChickUI
URL https://www.hanbit.co.kr/src/11078

5.1 유니티의 UI 시스템

유니티에는 화면에 표시할 메시지나 버튼 등의 UI(유저 인터페이스)를 위한 시스템이 마련되어 있습니다. UI 시스템을 이용하면 점수나 시간 표시, 시작 버튼 등 게임에 필요한 UI를 간단히 만들 수 있습니다.

유니티의 UI를 능숙하게 사용하려면 우선 시스템을 이해할 필요가 있습니다. UI를 만들기 전에 먼저 UI 시스템을 살펴봅시다.

▶ 다양한 UI를 쉽게 만들 수 있다

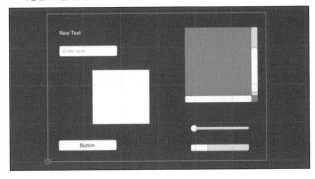

5.1.1 UI 오브젝트를 씬에 배치하기

텍스트나 버튼 등의 UI 요소는 계층 창에 오브젝트로 추가하여 씬에 배치합니다.

UI 오브젝트는 계층 창에서 +를 클릭하면 나타나는 드롭다운 리스트의 UI 카테고리 항목 중에서 선택합니다. 다음 그림은 Text를 추가하는 예시입니다.

▶ UI 오브젝트(Text) 추가하기

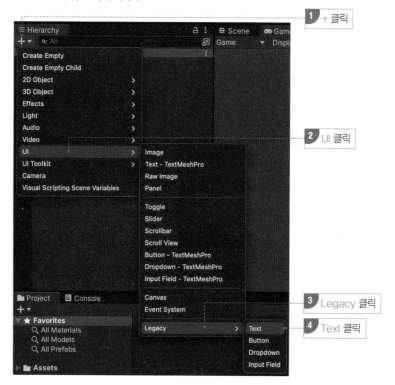

계층 창에 Canvas와 EventSystem이라는 두 가지 오브젝트가 추가됩니다. 그리고 Text 등의 UI 오브젝트가 Canvas의 자식 오브젝트로 배치됩니다. Canvas는 여러 개 추가할 수 있습니다.

▶ UI 오브젝트(Text)가 추가되었다

5.1.2 Canvas와 UI 오브젝트의 관계

Canvas는 **UI 오브젝트를 배치하기 위한 영역**입니다. Canvas의 크기는 게임 화면(게임 뷰)에 비례하며 그 안에 UI 오브젝트를 배치합니다.

또한 UI 시스템은 2D와 3D 구별 없이 같은 것을 사용합니다(콜라이더나 리지드바디처럼 2D 용이 따로 있는 것이 아닙니다). UI 오브젝트는 카메라나 빛의 영향을 받지 않고 정면에서 바라본 시점으로 표시됩니다(그리기 모드에 따라 카메라의 영향을 받을 수도 있습니다).

▶ UI 오브젝트는 Canvas 안에 배치된다

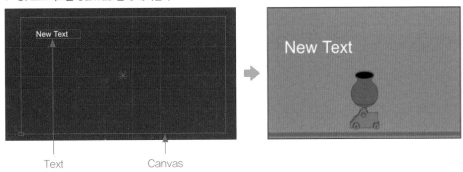

UI 오브젝트는 계층 창에서 Canvas의 자식 오브젝트로 만들어 Canvas 영역 안에 배치하지 않으면 씬에 표시되지 않습니다. 다음과 같이 Text가 Canvas 밖에 배치되어 있을 경우 게임 뷰에서 확인해보면 Text가 표시되지 않는다는 것을 알 수 있습니다.

▶ Canvas 밖에 배치하면 표시되지 않는다

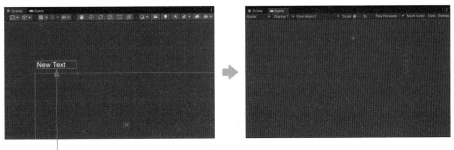

다음 그림처럼 Text를 Canvas 중앙에 배치하면 게임 뷰의 중앙에 표시됩니다.

▶ 게임 뷰 중앙에 표시된다

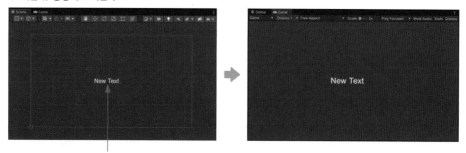

Text를 Canvas 안에 배치

Canvas의 크기

UI 오브젝트를 배치할 때는 Canvas의 크기를 알아야 합니다. Canvas는 씬 뷰에서 크게 표시됩니다. 씬 뷰에 표시된 Canvas의 왼쪽 아래에 게임 화면이 작게 표시됩니다.

▶ Canvas 왼쪽 아래에 게임 화면 표시

└─ 왼쪽 아래에 게임 화면이 작게 표시됩니다.

또한 계층 창에서 Canvas를 선택한 상태에서 인스펙터 창을 확인해보면 Width와 Height가 Canvas의 가로, 세로 길이를 표시하고 있습니다. 게임 뷰의 크기를 변경하면 이들 값이 변하는 것을 확인할 수 있습니다(게임을 실행하면 변경이 반영됩니다).

▶ Canvas 크기 확인

Canvas의 크기

5.1.3 Canvas 컴포넌트의 Render Mode

Canvas 오브젝트의 Canvas 컴포넌트의 Render Mode에서 Canvas에 배치된 UI 오브젝트의 그리기 모드를 설정할 수 있습니다. 모드 종류는 Screen Space – Overlay, Screen Space – Camera, World Space 세 가지입니다. 각각의 차이를 살펴봅시다.

Screen Space – Overlay

Render Mode를 Screen Space – Overlay로 설정하면 **UI가 가장 앞쪽에 표시됩니다.** Render Mode의 기본값입니다.

▶ Screen Space – Overlay

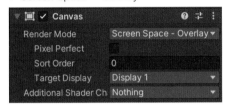

▶ 다른 오브젝트와 겹치면 맨 앞에 그려진다

Hello Unity

Screen Space – Overlay는 다음과 같은 항목을 설정할 수 있습니다.

▶ Screen Space – Overlay의 설정 항목

Pixel Perfect	UI가 확실하게 보이는 상태로 설정합니다.
Sort Order	Canvas가 여러 개 있을 때 이 값이 가장 큰 Canvas를 가장 앞쪽에 그립니다.
Target Display	게임 안에 카메라가 여러 대 있을 때 그리는 카메라를 전환합니다(카메라에서 Target Display를 설정해야 합니다).
Additional Shader Channels	UI에 셰이더 채널을 추가합니다.

Screen Space - Camera

Render Mode를 Screen Space – Camera로 설정하면 씬을 표시하는 카메라 외에 UI를 표시하는 카메라를 추가할 수 있으며, 각 카메라의 그리기 순서를 조절하여 오브젝트가 UI보다 앞에 보이게 할 수 있습니다.

▶ Screen Space – Camera

▶ 오브젝트를 UI 앞쪽에 그릴 수 있다

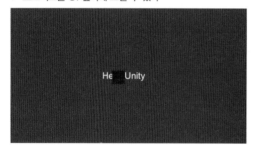

Screen Space – Camera는 다음과 같은 항목을 설정할 수 있습니다.

▶ Screen Space – Camera의 설정 항목

Pixel Perfect	UI가 확실하게 보이는 상태로 설정합니다.
Render Camera	UI용 카메라를 설정합니다.
Plane Distance	카메라와 Canvas의 거리를 지정합니다.
Sorting Layer	Canvas가 여러 개 있을 때 그룹으로 나눌 수 있습니다.
Order in Layer	그리기 순서를 설정합니다(이 값이 큰 그룹을 앞에 그립니다).
Additional Shader Channels	UI에 셰이더 채널을 추가합니다.

Screen Space – Camera의 카메라 설정

Screen Space – Camera 모드에서 UI는 Render Camera에 설정된 UI용 카메라를 통해 화면에 표시됩니다. UI 전용 카메라에는 UI만 표시되도록 Layer를 설정해야 합니다.

UI 오브젝트에는 기본으로 UI Layer가 설정되어 있습니다.

▶ UI 오브젝트 Layer의 기본값

UI 전용 카메라의 Camera 컴포넌트에 있는 Culling Mask를 UI로 설정하면 UI가 설정된 오브젝트만 Layer에 표시합니다. 또한 Clear Flags를 Depth only로 설정하면 Depth 값이 큰 카메라를 앞쪽에 표시합니다.

▶ 카메라 그리기 순서 설정하기

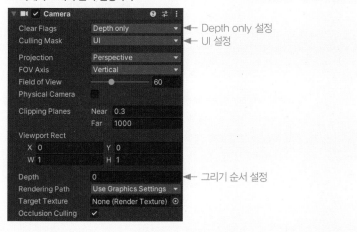

World Space

Render Mode를 World Space로 설정하면 Canvas의 위치와 크기를 자유롭게 설정할 수 있습니다. 위치와 크기는 Rect Transform 컴포넌트의 값으로 변경합니다.

이 모드를 사용하면 캐릭터 머리 위에 이름이나 체력을 표시하는 등 UI 오브젝트를 자유롭게 배치할 수 있습니다.

▶ World Space

▶ UI를 자유롭게 배치

World Space는 다음과 같은 항목을 설정할 수 있습니다.

▶ World Space의 설정 항목

Event Camera	버튼을 마우스로 클릭하는 등 UI에 어떤 처리를 하기 위한 설정 항목입니다.
Sorting Layer	Canvas가 여러 개 있을 때 그룹으로 나눌 수 있습니다.
Order in Layer	그리기 순서를 설정합니다(이 값이 큰 그룹을 앞에 그립니다).
Additional Shader Channels	UI에 셰이더 채널을 추가합니다.

5.1.4 Canvas Scaler 컴포넌트의 UI Scale Mode

Canvas Scaler는 Canvas에 추가될 UI 오브젝트의 크기를 조절하기 위한 컴포넌트입니다.

게임이 실행되는 디스플레이의 크기는 다양합니다. 그러므로 디바이스에 따라서는 UI 요소가 화면 안에 제대로 표시되지 않거나 이상한 위치에 표시될 수 있습니다. Canvas Scaler 컴포넌트의 UI Scale Mode를 설정하면 환경에 따라 UI 오브젝트의 크기를 조절할 방법을 선택할 수 있습니다.

Constant Pixel Size

UI Scale Mode를 Constant Pixel Size로 설정하면 UI 오브젝트의 크기는 픽셀로 지정이 됩니다(기본값입니다). 기기의 해상도나 화면 비율에 영향을 받지 않으므로 같은 UI 오브젝트도 해상도가 높은 기기에서는 작게 표시되고, 반대로 해상도가 낮은 기기에서는 크게 표시됩니다.

▶ Constant Pixel Size

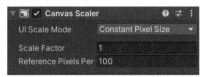

Constant Pixel Size는 다음과 같은 항목을 설정할 수 있습니다.

▶ Constant Pixel Size의 설정 항목

Scale Factor	캔버스를 확대 또는 축소할 때의 비율입니다.
Reference Pixels Per Unit	Scale 1을 몇 픽셀로 나타낼지 설정합니다.

Scale With Screen Size

UI Scale Mode를 Scale With Screen Size로 설정하면 화면 크기에 따라 자동으로 UI 오브젝트를 확대 또는 축소합니다.

▶ Scale With Screen Size

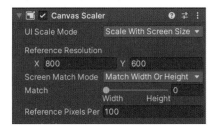

Scale With Screen Size는 다음과 같은 항목을 설정할 수 있습니다.

▶ Scale With Screen Size의 설정 항목

Reference Resolution	UI가 표시될 디스플레이의 기준 해상도. 실제로 표시될 디스플레이의 해상도가 이 해상도보다 높으면 UI는 크게 표시되고 낮으면 작게 표시됩니다.
Screen Match Mode	화면 비율이 Reference Resolution과 맞지 않을 때를 설정합니다.
Match	Reference Resolution과 화면 비율이 맞지 않으면 Reference Resolution의 화면 비율을 Width와 Height 중 어느 쪽에 맞춰 조절할지 정합니다.
Reference Pixels Per Unit	1유닛을 몇 픽셀로 표시할지 정합니다.

Constant Physical Size

UI Scale Mode를 Constant Physical Size로 설정하면 **인치나 밀리미터 등 실제 물리적 크기를 기준으로 UI 오브젝트의 크기를 조절합니다.**

▶ Constant Physical Size

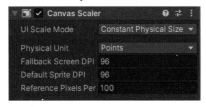

Constant Physical Size는 다음과 같은 항목을 설정할 수 있습니다.

▶ Constant Physical Size의 설정 항목

Physical Unit	센티미터, 밀리미터, 인치 등 물리적 크기의 단위를 정합니다.
Fallback Screen DPI	DPI(Dots Per Inch, 도트 밀도) 측정이 필요하면 이 값을 적용합니다.
Default Sprite DPI	스프라이트의 1인치에 해당하는 픽셀 수입니다.
Reference Pixels Per Unit	1유닛을 표시할 픽셀 수. Default Sprite DPI 설정에 사용합니다.

> ### UI 오브젝트의 그리기 순서
>
> 같은 Canvas에 여러 UI 오브젝트가 있으면 계층 창에서 아래쪽에 있는 오브젝트가 앞에 그려집니다.
>
> 예를 들어 Canvas에 Button과 Text가 있다고 가정합시다. 이때 계층 창에서 Button 아래에 Text가 있으면 Text가 앞에 그려지고 Button은 Text의 뒤에 그려집니다.

▶ UI 오브젝트의 그리기 순서

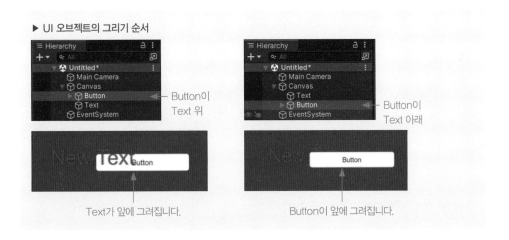

5.1.5 Rect Transform 컴포넌트

기본 도형이나 카메라와 같은 오브젝트는 위치 등의 정보를 관리하기 위한 Transform 컴포넌트를 가지고 있습니다. UI 오브젝트는 다른 오브젝트의 Transform과 다른 Rect Transform 이라는 전용 컴포넌트로 위치나 각도, 크기 등을 관리합니다.

▶ Text의 Rect Transform 컴포넌트

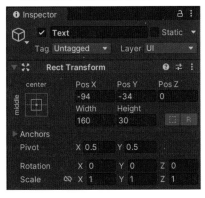

Rect Transform 컴포넌트는 다음과 같은 항목을 설정할 수 있습니다.

Pos X, Pos Y, Pos Z	UI 오브젝트의 위치(Canvas에서 상대적인 위치)입니다.
Width	UI 오브젝트의 넓이입니다.
Height	UI 오브젝트의 높이입니다.
Anchors(Min, Max)	UI 오브젝트를 배치할 때의 기준점(0~1 사이의 값으로 설정)입니다.
Pivot	UI 오브젝트의 위치나 크기의 기준점. 조작 도구로 Rect 도구를 선택하면 표시됩니다.
Rotation	UI 오브젝트의 각도입니다.
Scale	UI 오브젝트의 자체 크기입니다.

Scale과 Width, Height

Rect Transform 컴포넌트에는 UI 오브젝트의 크기를 관리하기 위한 Scale과 Width, Height가 있습니다. 그렇다면 UI 오브젝트의 크기를 변경하려면 Scale과 Width, Height 중 어느 값을 변경해야 할까요?

Scale은 Width, Height로 설정한 크기를 비율로 설정한 값입니다. 따라서 Width, Height로 UI 오브젝트의 크기를 변경하는 편이 좋습니다. 유니티도 Width, Height로 UI의 크기를 설정할 것을 추천하고 있습니다.

5.1.6 Anchor로 위치 지정

UI 오브젝트에는 Anchor(앵커)라는 Canvas에서 위치를 고정하는 기능이 마련되어 있습니다. Anchor란 배의 닻을 의미하는데, 게임이 실행되는 기기의 화면 비율이나 해상도가 변하면 이 Anchor를 기준으로 UI 오브젝트의 위치가 조정됩니다. Anchor를 적절한 위치에 지정하면 게임이 실행될 때 화면의 크기가 변해도 UI 오브젝트가 화면에서 벗어나지 않게 배치할 수 있습니다.

▶ UI 오브젝트가 화면에서 벗어나지 않게 하기

Anchor를 중앙에 설정한 경우

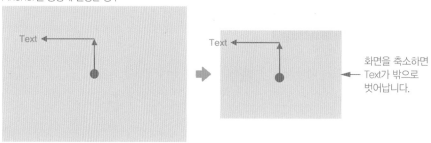

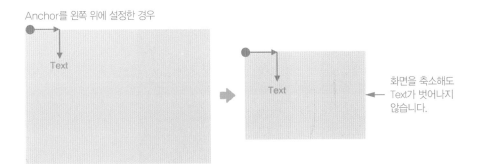

Anchor를 왼쪽 위에 설정한 경우

Text

화면을 축소해도
Text가 벗어나지
않습니다.

Anchor와 Pivot

UI 오브젝트의 위치는 **Anchor와 Pivot의 좌표**로 정해집니다. UI 오브젝트는 Canvas 안에 배치해야 하므로 Anchor는 반드시 Canvas 안쪽에 위치해야 합니다.

Pivot(피벗)은 UI 오브젝트를 배치할 때 기준이 되는 점입니다. 보통 UI 오브젝트의 중앙으로 설정되어 있습니다. 한편 Rect 도구를 선택하면(69쪽 '렉트' 도구 참고) 씬 뷰에 Pivot(파란 원으로 표시됩니다)을 표시할 수 있습니다. Pivot의 위치는 마우스를 드래그해서 변경할 수 있으며 인스펙터 창에서 Rect Transform 컴포넌트의 Pivot 값을 변경해도 됩니다.

▶ Anchor와 Pivot

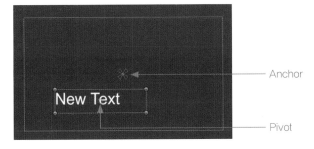

Anchor 위치

Anchor 위치는 Rect Transform 컴포넌트의 Anchor Presets에서 설정할 수 있습니다. 기본값은 중앙으로 설정되어 있고, 왼쪽 위부터 오른쪽 아래까지 임의의 위치를 선택할 수 있습니다.

또한 씬 뷰에서 마우스를 드래그하거나 인스펙터 창에서 Anchor의 Min과 Max 값으로 설정할 수 있습니다.

▶ Anchor의 위치 설정하기

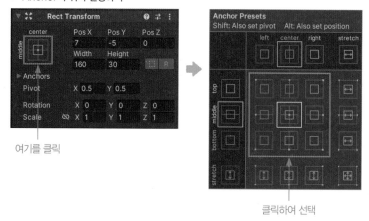

여기를 클릭

클릭하여 선택

Anchor 분할

Anchor는 **상하좌우로 나누어 배치**할 수 있습니다. 이것을 Stretch 모드라고 합니다. Anchor Presets에서 선택하거나 마우스로 드래그하여 나눌 수 있습니다(인스펙터 창에서도 나눌 수 있습니다).

▶ Anchor 분할

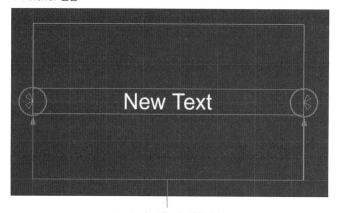

Anchor는 나눌 수 있습니다.

Stretch 모드는 2개 이상의 지점을 정하여 UI 오브젝트를 해상도나 화면 비율에 맞춰 자동으로 늘려줍니다. 다만 단순히 늘리기만 하기 때문에 UI가 깨질 수 있다는 점을 주의해야 합니다.

UI 오브젝트의 계층

UI 오브젝트는 모두 Canvas의 자식 오브젝트가 됩니다. 또한 Button처럼 자식 오브젝트를 가지는 UI 오브젝트도 있습니다. 다음 예는 계층 창에 Button을 추가한 상황입니다.

Button은 Text를 자식 오브젝트로 가지고 있습니다. 이 경우에는 Button이 Text의 Canvas 역할을 합니다.

▶ Button과 Text의 관계

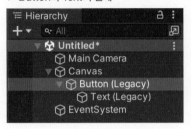

5.1.7 EventSystem

EventSystem은 버튼이 눌렸을 때 등 **UI와 관련된 이벤트(인풋)를** 관리하는 오브젝트입니다. UI와 관련된 스크립트를 처리할 때 필요합니다.

따라서 EventSystem을 제거하면 버튼을 클릭해도 아무런 반응을 하지 않는 등 오류가 발생할 수 있습니다.

▶ EventSystem은 제거하지 않는다!

← EventSystem은 제거하면 안 됩니다!

5.2 주요 UI 오브젝트

유니티의 UI 시스템에는 텍스트나 버튼처럼 사용 빈도가 높은 UI 오브젝트가 마련되어 있습니다. 대표적인 UI 오브젝트를 살펴봅시다.

5.2.1 Text

Text는 점수 표시 등에 사용할 수 있는 UI 오브젝트입니다.

▶ Text 오브젝트

Text에는 Text 컴포넌트가 포함되어 있으므로 Text에 표시할 문자를 입력하여 씬에 표시할 수 있습니다. 또한 Font 항목에서 폰트의 종류를 지정하고 Font Size로 폰트의 크기, Color 로 폰트의 색을 정할 수 있습니다.

Alignment는 정렬 방식을 상하좌우와 가운데로 선택할 수 있습니다. 여러 컴포넌트에서 빈번하게 사용되는 설정 항목입니다.

▶ Text 컴포넌트

Text의 크기는 Rect Transform 컴포넌트의 Width와 Height로 설정합니다. Width나 Height 보다 문자 크기(Font Size)가 크면 문자가 잘리므로 주의하기 바랍니다.

▶ 문자 표시 영역 확인

문자 표시 영역

TextMesh Pro

TextMesh Pro는 기본 Text보다 크게 확대해도 텍스트가 깔끔하게 표시되며, 기본 Text로는 할 수 없는 문자에 빛을 비추는 등의 표현이 가능한 오브젝트입니다. 원래 TextMesh Pro는 에셋으로 제공되었지만 지금은 Text와 마찬가지로 UI 메뉴에서 이용할 수 있습니다. TextMesh Pro를 이용하려면 패키지를 임포트해야 합니다. UI 메뉴에서 TextMesh Pro를 선택하면 임포트하기 위한 다이얼로그가 표시되므로 이를 이용하여 임포트합니다.

▶ TextMesh Pro 선택 및 임포트 다이얼로그

Legacy Text는 조금 흐릿해 보이지만 TextMesh Pro의 Text는 선명하게 보입니다

▶ Legacy Text와 TextMesh Pro의 차이

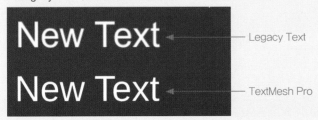

Legacy Text

TextMesh Pro

다음은 문자에 붉은 빛을 비춘 예입니다.

▶ 문자에 빛을 설정할 수 있다

5.2.2 Image

Image는 **이미지 데이터(스프라이트)**를 UI로 사용할 수 있는 오브젝트입니다. 같은 용도로 Raw Image도 있습니다(Raw Image는 텍스처 이미지를 표시합니다).

▶ Image 오브젝트

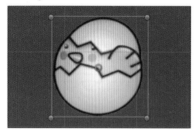

Image 오브젝트는 Rect Transform 외에 Image 컴포넌트를 갖고 있습니다. Source Image 에 표시할 스프라이트를 드래그 앤 드롭해서 설정하면 씬에 표시됩니다.

▶ Image 컴포넌트

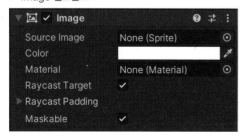

씬 뷰에 표시된 이미지의 모서리에 보이는 파란 점을 드래그하면 표시 범위를 확대 또는 축소할 수 있습니다(Rect Transform 컴포넌트의 Width와 Height를 변경해도 됩니다).

▶ Image의 표시 범위 변경

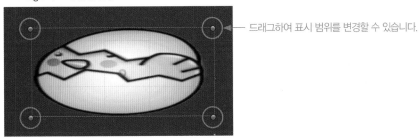

드래그하여 표시 범위를 변경할 수 있습니다.

표시할 이미지 데이터 설정

Image 오브젝트에 표시할 이미지의 Texture Type은 Sprite(2D and UI)로 해두어야 합니다. 만일 Source Image에 드래그 앤 드롭으로 이미지가 지정되지 않으면 Texture Type이 Sprite(2D and UI)인지 확인해보세요.

▶ Texture Type 확인하기

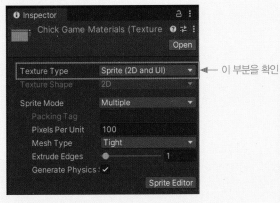

이 부분을 확인

5.2.3 Button

Button을 클릭하면 지정한 함수를 호출할 수 있습니다. 게임의 시작 버튼 등 다양하게 활용됩니다.

▶ Button 오브젝트

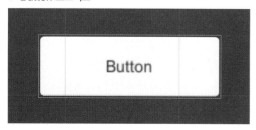

Button 오브젝트는 Text를 자식 오브젝트로 가집니다. Text 오브젝트의 Text 컴포넌트로 표시할 문자를 설정할 수 있습니다.

사각형이 버튼의 기본 모양이지만 이미지를 이용해 다양한 모양의 버튼을 만들 수 있습니다. 버튼에 이미지를 적용하려면 Image 컴포넌트의 Source Image에 적용할 이미지 데이터를 드래그 앤 드롭합니다.

Button 컴포넌트에서 Normal Color 등의 값을 설정하면 마우스를 버튼에 올렸을 때 버튼 색이 변하게 할 수 있습니다.

Transition을 Sprite Swap으로 설정하면 사용자 입력에 따라 버튼 이미지를 변경하는 등의 처리도 가능합니다.

▶ Button 오브젝트의 컴포넌트

▶ 사용자 입력에 따라 버튼 색 변경하기

| 보통 상태 | 마우스 커서를 버튼에
올린 상태 | 클릭한 상태 | 선택된 상태 | 비활성 상태 |

버튼에 스크립트를 설정하는 On Click도 있습니다. 이 방법은 뒤에서 자세히 설명합니다.

5.2.4 그 밖의 UI 오브젝트

여기서 소개한 것 외에도 게임에 활용되는 다양한 UI 오브젝트가 마련되어 있습니다. 다음 표에 계층 창의 + → UI에서 추가할 수 있는 UI 오브젝트를 정리해두었습니다.

Text	문자열을 표시합니다.
Text–TextMeshPro	문자열을 표시합니다(TextMeshPro).
Image	이미지(스프라이트)를 표시합니다.
Raw Image	이미지(텍스처)를 표시합니다.
Button	버튼을 표시합니다.
Button – TextMeshPro	버튼을 표시합니다(TextMeshPro).
Toggle	선택 항목을 체크하는 토글 버튼을 표시합니다.
Slider	값을 지정하기 위한 슬라이드 바입니다.
Scrollbar	값의 선택이나 진행 상황을 표시하는 스크롤 바입니다.
Dropdown	클릭하여 선택 항목의 리스트를 표시합니다.
Dropdown – TextMeshPro	클릭하여 선택 항목의 리스트를 표시합니다(TextMeshPro).
Input Field	텍스트 입력란입니다.
Input Field – TextMeshPro	텍스트 입력란입니다(TextMeshPro).
Canvas	UI 오브젝트를 배치하기 위한 부모 오브젝트입니다.
Panel	게임 화면 전체에 이미지 등을 표시할 때 사용합니다.

Scroll View	표시 범위를 지정할 수 있는 영역입니다.
Event System	이벤트를 관리(스크립트 실행에 필요)합니다.

5.3 버튼 클릭 처리하기

UI 시스템을 실제로 사용해봅니다. 게임 화면에 버튼(Button)을 배치하고 클릭하면 스크립트가 실행되게 만들어보겠습니다.

5.3.1 프로젝트 내보내기

이번 예제에서는 4장에서 만든 예제에 버튼을 추가할 것입니다. 이를 위해 5장에서 만들 예제(ChickUI)에 4장에서 만든 예제(ChickAttack)를 불러오는 것부터 시작합니다.

먼저 유니티를 실행하여 ChickAttack을 열고, 다른 프로젝트에서 쓸 수 있도록 패키지로 만듭니다.

1단계 ChickAttack 프로젝트 열기

② ChickAttack 클릭

프로젝트 목록이 표시되지 않을 때는 Open 메뉴를 클릭하여 프로젝트를 엽니다.

2단계 프로젝트 내보내기

1 Assets 클릭

2 Export Package 클릭

3 Export 클릭

4 패키지 이름 입력하기
→ ChickAttack

5 저장 경로 지정하기

6 Save 클릭

ChickAttack.unitypackage가 만들어집니다.

지정한 경로(예시에서는 프로젝트 폴더)에 ChickAttack.unitypackage라는 파일이 만들어
집니다. 다음으로 프로젝트를 만들고 새로 만든 패키지 파일을 불러옵니다.

5.3.2 프로젝트 만들고 패키지 불러오기

새 프로젝트를 만들고 패키지를 불러옵니다. 불러올 패키지의 프로젝트가 2D이므로 새로 만들 프
로젝트도 2D로 합니다.

1단계 프로젝트 만들기

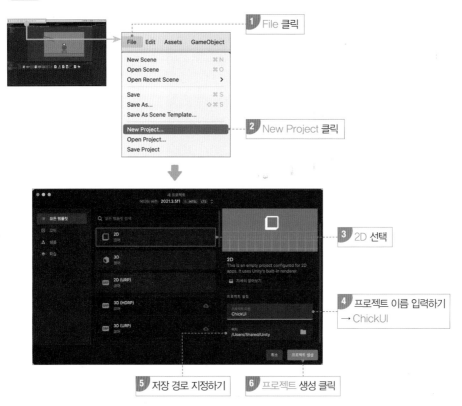

2단계 프로젝트 불러오기

1 Assets 클릭

2 Import Package 클릭

3 Custom Package 클릭

4 ChickAttack.unitypackage 클릭

5 Open 클릭

6 Import 클릭

▶ 프로젝트가 준비되었다!

5.3.3 씬 열기

새 프로젝트를 만들고 패키지를 불러왔습니다. 패키지에는 게임에 사용할 에셋이 포함되어 있습니다.

아직은 씬이 선택되지 않은 상태입니다. **Main 씬을 열고 편집 가능하게 만듭니다.**

1단계 씬 열기

▶ Main 씬을 열었다!

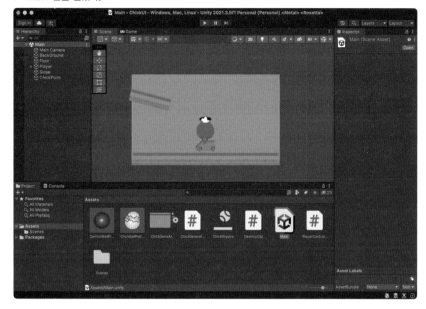

5.3.4 Button 배치하기

게임 화면에 버튼을 배치합시다. 계층 창에서 +를 클릭하면 나타나는 드롭다운 리스트에서 UI → Legacy → Button을 선택합니다.

1단계 Button 추가하기

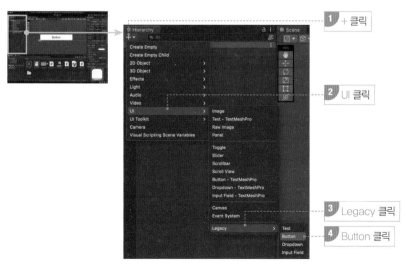

Button이 Canvas의 자식
오브젝트로 생성됩니다.

오브젝트를 마우스 우클릭하고
Rename을 선택하면 이름을
변경할 수 있습니다. 이름은 꼭
바꾸지 않아도 되지만 가능한
한 알아보기 쉬운 이름으로 변
경해두는 것이 좋습니다.

5 Button의 이름 변경하기
→ EventButton

버튼이 추가되었습니다.

계층 창에서 오브젝트를 더블
클릭하면 해당 오브젝트가 씬
뷰의 중앙에 표시됩니다.

2 단계 EventButton의 위치 설정하기

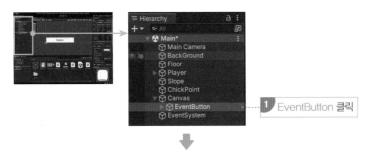

1 EventButton 클릭

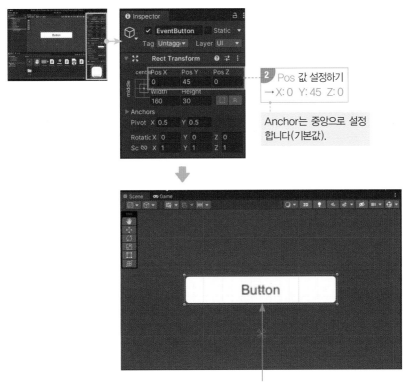

2 Pos 값 설정하기
→ X: 0 Y: 45 Z: 0

Anchor는 중앙으로 설정
합니다(기본값).

버튼의 위치가 변경됩니다.

5.3.5 버튼의 문자 변경하기

버튼에 표시된 문자를 변경합니다. Button에는 Text가 자식 오브젝트로 포함되어 있습니다.
Text 오브젝트를 변경하면 Button에 반영됩니다.

1단계 Text 선택하기

2단계 Text에 표시할 문자 설정하기

이제 버튼이 준비되었습니다. 게임을 실행하여 화면에 표시되는 모습을 확인해봅시다.

▶ 버튼이 준비되었다!

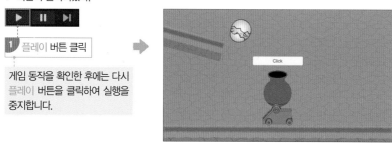

5.3.6 스크립트 만들기

버튼을 클릭했을 때 실행될 스크립트를 만듭시다. 클릭하면 콘솔 창에 메시지를 표시하는 간단한 스크립트를 만듭니다.

1단계 스크립트 추가하기

2단계 스크립트 이름 변경하기

2 이름 변경하기 → ButtonTest

3단계 스크립트 열기

1 ButtonTest 더블 클릭

← 편집 도구가 실행됩니다.

4단계 스크립트 작성하기

```
1   using System.Collections;
2   using System.Collections.Generic;
3   using UnityEngine;
4
5   public class ButtonTest : MonoBehaviour
6   {
7       public void TestCall()
8       {
9           Debug.Log("Hello Unity");
10      }
11  }
12
```

1 스크립트 작성하기

script ButtonTest.cs : Console에 Hello Unity 출력

```
1  using System.Collections;
2  using System.Collections.Generic;
3  using UnityEngine;
4
5  public class ButtonTest : MonoBehaviour
6  {
7      public void TestCall()                                    ❶
8      {
9          Debug.Log("Hello Unity");                             ❷
10     }
11 }
Unity2022Sample/Script/Chapter5/Text/ButtonTest.txt
```

|코드 설명| **버튼에서 호출 처리**

이 스크립트는 다음과 같은 동작을 처리하고 있습니다.

❶ 함수 선언

버튼 클릭 등의 이벤트에서 함수를 호출하기 위해서는 public으로 선언해야 합니다.

```
7      public void TestCall()
```

❷ 메시지 출력

콘솔 창에 Hello Unity라는 메시지를 출력합니다.

```
9          Debug.Log("Hello Unity");
```

5.3.7 스크립트를 버튼에 어태치하기

버튼을 클릭했을 때 스크립트가 실행되게 하려면 **작성한 스크립트를 버튼에 어태치**해야 합니다. 프로젝트 창의 ButtonTest를 인스펙터 창의 EventButton으로 드래그 앤 드롭합니다.

1단계 스크립트를 버튼에 어태치하기

5.3.8 버튼 클릭 이벤트에 함수 연결하기

버튼에 설정한 스크립트를 버튼이 클릭되었을 때 실행되도록 합시다.

UI 오브젝트에는 클릭 등 대표적인 UI 이벤트가 있습니다(이벤트는 오브젝트의 종류에 따라 다릅니다). 이번 예제에서는 On Click 이벤트(버튼이 클릭되었을 때 발생하는 이벤트)에 스크립트의 함수가 호출되도록 설정합니다.

1단계 버튼과 이벤트 연결하기

1 EventButton 클릭

2 + 버튼 클릭

3 계층 창에서 EventButton
드래그 앤 드롭

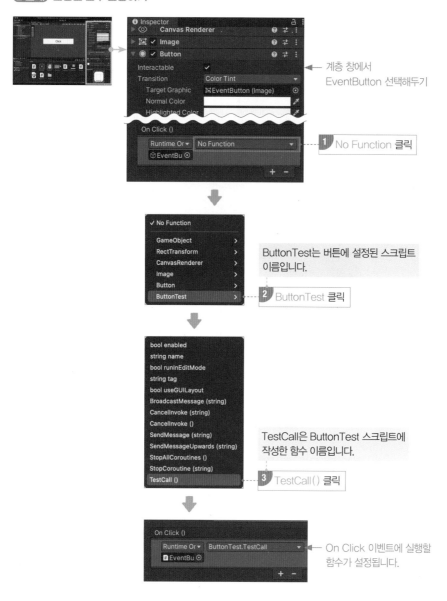

설정이 완료되었습니다. 게임을 실행하고 버튼을 클릭해보세요. 콘솔 창에 메시지가 출력되는 것을 확인할 수 있습니다.

확인 후에는 **게임 실행을 멈추고 버튼을 삭제합니다.**

▶ 게임을 실행해 확인한다

1 플레이 버튼 클릭

게임 동작을 확인한 후에는 다시 플레이 버튼을 클릭하여 실행을 중지합니다.

2 Click 버튼 클릭

Click

메시지가 출력됩니다.

버튼을 프리팹으로 만들기

UI 오브젝트는 다른 오브젝트와 마찬가지로 프리팹으로 복제할 수 있습니다. 앞서 만든 EventButton을 계층 창에서 프로젝트 창으로 드래그 앤 드롭하면 프리팹이 됩니다. 그리고 이 프리팹을 계층 창으로 드래그 앤 드롭 하면 인스턴스가 만들어집니다(152쪽 '프리팹과 인스턴스' 글상자 참고).

5.4 타이틀 화면 만들기

이제 UI 시스템을 정리하겠습니다. 여기서는 타이틀 화면을 만들고 **시작 버튼**을 누르면 게임 화 면으로 이동하는 동작을 만들어봅니다. 이번 예제의 핵심은 서로 다른 씬으로 이동하는 처리입 니다.

5.4.1 프로젝트와 씬 준비하기

5장에서 사용한 프로젝트에 새로운 기능을 추가하겠습니다. 프로젝트 타이틀용 이미지를 불러 오고 타이틀 화면을 위한 씬을 추가합니다. 타이틀 화면 이미지는 홈페이지에서 다운로드할 수 있습니다(Unity2022Sample/Resource/Chapter5 폴더에 들어 있습니다).

- **예제 리소스**

  URL https://www.hanbit.co.kr/src/11078

▶ 타이틀 이미지

Unity2022Sample/Resource/Chapter5/ChickAttackTitle.png

1단계 이미지 불러오기

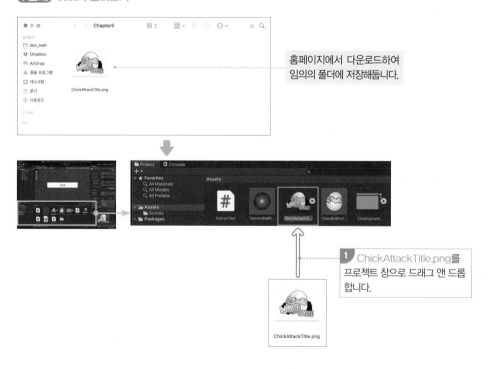

홈페이지에서 다운로드하여
임의의 폴더에 저장해둡니다.

1 ChickAttackTitle.png를
프로젝트 창으로 드래그 앤 드롭
합니다.

ChickAttackTitle.png

2 단계 새로운 씬 추가하기

1 File 클릭 **2** New Scene 클릭

3 Basic 2D 선택

4 Create 클릭

현재 편집 중인 씬이 저장되어 있지 않으면 경고 팝업이 나타납니다. Save를 클릭하여 저장합니다. 사진은 macOS에서의 UI이며 윈도우 화면과 표시가 다릅니다.

Scene(s) Have Been Modified

Do you want to save the changes you made in the scenes:
Assets/Main.unity

Your changes will be lost if you don't save them.

Save

Don't Save

Cancel

3 단계 씬 저장하기

1 File 클릭

2 Save 클릭

3 씬의 이름 변경하기
→ Title

4 저장 경로 지정하기
→ Assets

5 Save 클릭

Title 씬을 추가할 것이므로 이름도 Title로 변경했습니다. 현재 편집 중인 씬을 변경하려면 프로젝트 창에서 편집할 씬의 아이콘을 더블 클릭합니다(씬의 저장을 요구할 수도 있습니다).

▶ Title 씬이 추가되었다!

씬이 추가되었다.

5.4.2 타이틀 화면 만들기

타이틀 화면은 **씬 전체를 Image로 채웁니다**. Image는 스프라이트 리소스를 표시하는 UI 오브젝트입니다. 2D 게임용 프로젝트는 불러온 이미지를 스프라이트로 자동 변환해주기 때문에 불러온 이미지 파일을 그대로 사용할 수 있습니다.

1단계 Image 추가하기

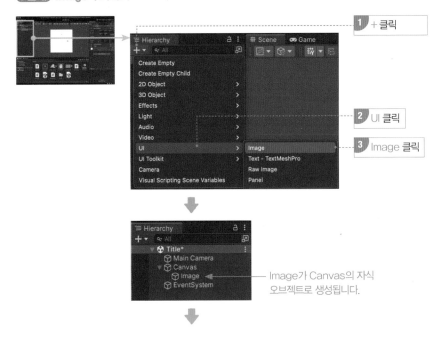

1 + 클릭

2 UI 클릭

3 Image 클릭

Image가 Canvas의 자식
오브젝트로 생성됩니다.

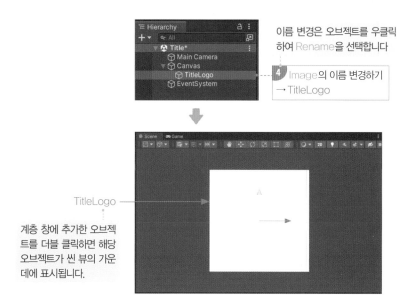

이름 변경은 오브젝트를 우클릭
하여 Rename을 선택합니다

4 Image의 이름 변경하기
→ TitleLogo

TitleLogo ─────

계층 창에 추가한 오브젝
트를 더블 클릭하면 해당
오브젝트가 씬 뷰의 가운
데에 표시됩니다.

2단계 TitleLogo 배치하기

1 TitleLogo 클릭

2 프로젝트 창의 ChickAttackTitle
을 인스펙터 창의 Source Image로
드래그 앤 드롭

─── 하얀 이미지가 지정한
스프라이트로 변경됩
니다.

3단계 Anchor 위치 조절하기

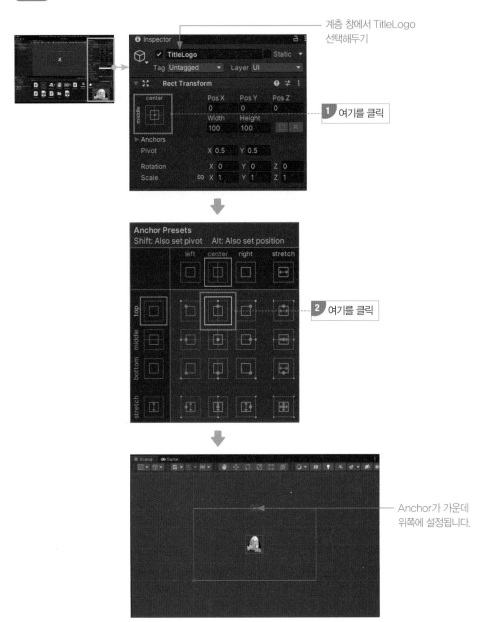

계층 창에서 TitleLogo
선택해두기

1 여기를 클릭

2 여기를 클릭

Anchor가 가운데
위쪽에 설정됩니다.

4단계 TitleLogo의 위치와 크기 설정하기

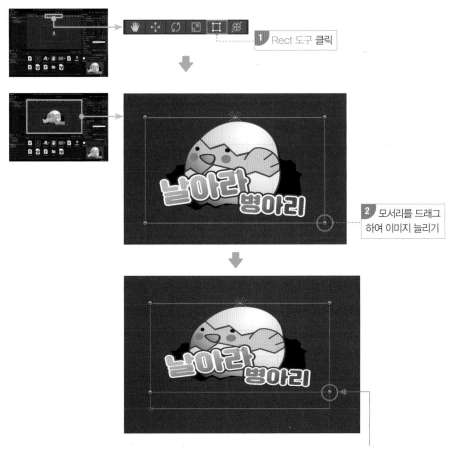

1 Rect 도구 클릭

2 모서리를 드래그
하여 이미지 늘리기

Canvas에서 벗어나지 않도록 주의합니다.

Anchor를 설정하면 게임 실행 환경에 따라 화면 비율이 달라져도 TitleLogo의 위치가 어긋나지 않게 됩니다.

인스펙터 창에서 오브젝트의 이름 변경하기

계층 창에 배치한 오브젝트의 이름은 인스펙터 창에서도 변경할 수 있습니다.

인스펙터 창 맨 위에 있는 입력란에 선택한 오브젝트의 이름이 표시됩니다. 여기를 클릭하여 이름을 변경합니다.

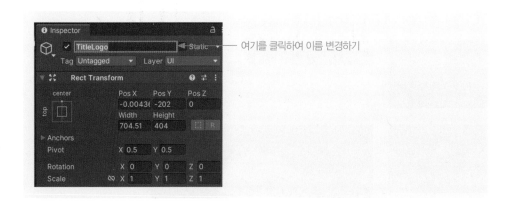

여기를 클릭하여 이름 변경하기

5.4.3 시작 버튼 준비하기

Button을 배치합시다. 배치한 후에는 버튼에 표시되는 문자를 Start로 변경합니다.

1단계 Button 추가하기

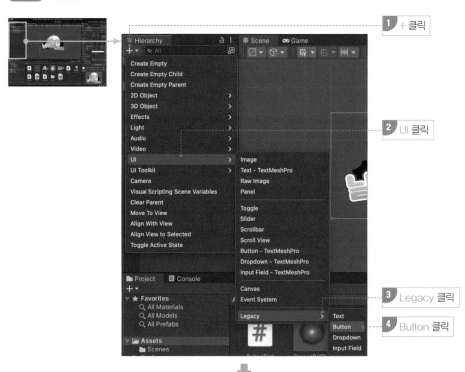

1 + 클릭

2 UI 클릭

3 Legacy 클릭

4 Button 클릭

Button(Legacy)이 Canvas의
자식 오브젝트로 추가됩니다.

표시되는 버튼의 크기는 화면의
해상도에 따라 변합니다(194쪽).

5 Button의 이름 변경하기
→StartButton

StartButton

2단계 문자 변경하기

1 StartButton의 ▶ 클릭

2 Text(Legacy) 클릭

텍스트 크기는 FontSize로
변경합니다.

3 Text에 문자 설정하기
→ Start

버튼의 문자가 변경됩니다.

버튼의 문자색과 배경색 변경하기

버튼에 표시되는 문자색은 자유롭게 변경할 수 있습니다. Text 오브젝트의 Text(Script) 컴포넌트 Color 오른쪽에 있는 색 상자를 클릭하면 나타나는 창에서 원하는 색을 선택합니다. 일반 Text도 같은 방법으로 색을 변경할 수 있습니다.

▶ 버튼의 문자색 변경하기

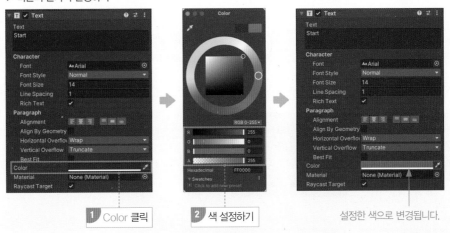

1 Color 클릭   2 색 설정하기   설정한 색으로 변경됩니다.

버튼의 배경색도 변경할 수 있습니다. Button 오브젝트의 Button(Script) 컴포넌트에서 Normal Color로
설정합니다. 색과 함께 투명도도 설정할 수 있습니다.

Highlighted Color는 마우스를 올렸을 때의 색이고 Pressed Color는 클릭했을 때의 색, Disabled Color
는 비활성화되었을 때의 색입니다.

▶ 버튼의 배경색 변경하기

1 Normal Color 클릭   설정한 색으로 변경됩니다.

2 색 설정하기   3 투명도 설정하기

▶ 버튼의 문자색과 배경색이 변경되었다!

5.4.4 Start Button 위치 변경하기

버튼이 추가되었지만 **이미지와 겹치므로 위치를 변경**하겠습니다. 위치는 눈대중으로 맞춰도 상관
없지만 실행했을 때 어긋나지 않도록 잊지 말고 Anchor를 설정합시다.

1단계 Anchor 설정하기

Anchor가 가운데
위쪽에 설정됩니다.

2단계 StartButton의 위치 설정하기

Inspector			
✓ **StartButton**		Static	
Tag Untagged		Layer UI	
▼ Rect Transform			
center	Pos X	Pos Y	Pos Z
	0	-300	0
	Width	Height	
	160	30	
▶ Anchors			
Pivot	X 0.5	Y 0.5	
Rotation	X 0	Y 0	Z 0
Scale	X 1	Y 1	Z 1

1 Pos 값 설정하기 →
X: 0 Y: −300 Z: 0

버튼의 위치는 TitleLogo의
크기에 맞춰서 변경합니다.

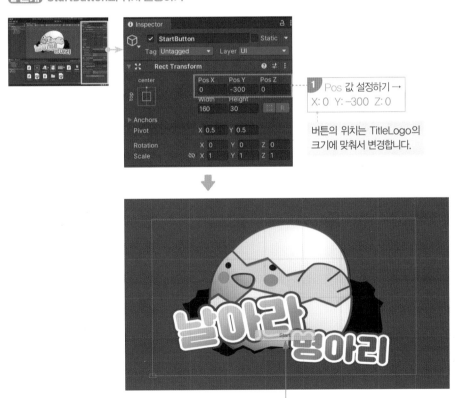

버튼의 위치가 변경되었습니다.

이것으로 타이틀 이미지와 버튼이 배치되었습니다. 게임 뷰에서 확인해봅시다. 버튼의 적절한 좌표는 환경에 따라 달라질 수 있으므로 여러분의 환경에 맞춰서 변경합시다.

▶ 타이틀 이미지와 버튼이 배치되었다!

배경색 변경하기

타이틀 화면과 버튼은 완성했지만 배경색이 마음에 들지 않습니다. 배경색을 변경해봅시다.

Canvas의 배경색을 설정하려면 UI 오브젝트 중 Panel을 이용합니다. 계층 창에서 + → UI → Panel로 Panel을 추가하고, 인스펙터 창에서 Image(Script) 컴포넌트의 Color에서 색을 설정합니다. Canvas의 자식 오브젝트는 계층 창에서 아래쪽에 있는 것이 앞에 그려집니다. 가장 뒤에 그려지도록 드래그하여 Panel의 위치를 변경합니다.

가장 위에 Panel을 추가하고
색을 변경합니다.

5.4.5 스크립트 작성하기

시작 버튼에 설정할 스크립트를 작성합니다. 버튼을 클릭하면 지정한 씬으로 이동하는 동작을 처리합니다.

1단계 스크립트 추가하기

1 + 클릭

2 C# Script 클릭

Assets → Create → C# Script 메뉴를
선택해서 만들 수도 있습니다.

NewBehaviourScript가
만들어집니다.

3 NewBehaviourScript의 이름 변경하기
→ StartGame

2단계 스크립트 작성하기

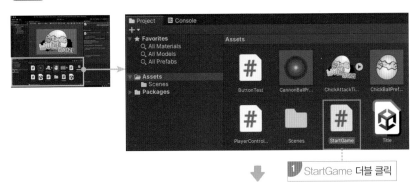

1 StartGame 더블 클릭

2 스크립트 작성하기

3 파일 클릭

4 저장 클릭

script StartGame.cs : 버튼을 클릭하면 씬 이동하기

```
1  using System.Collections;
2  using System.Collections.Generic;
3  using UnityEngine;
4  using UnityEngine.SceneManagement;            ①
5
6  public class StartGame : MonoBehaviour
7  {
8      public void LoadingNewScene()             ②
9      {
10         SceneManager.LoadScene("Main");       ③
11     }
12 }
```
Unity2022Sample/Script/Chapter5/Text/StartGame.txt

|코드 설명| 씬을 이동하는 처리

이 스크립트는 다음과 같은 동작을 처리하고 있습니다.

❶ 라이브러리 선언

씬을 이동하기 위해 필요한 라이브러리인 UnityEngine.SceneManagement를 선언하고 있습니다.

```
4  using UnityEngine.SceneManagement;
```

❷ 함수 선언

버튼에서 호출할 함수인 LoadingNewScene을 선언합니다. 외부에서 호출하려면 접근 지정자를 public으로 선언합니다.

```
8      public void LoadingNewScene()
```

❸ 씬을 호출하는 처리

SceneManager.LoadScene( ) 함수에 호출할 씬의 이름을 지정합니다. LoadScene은 씬을 읽어 들이는 명령어입니다. 예제에서는 Main을 지정했습니다(씬의 이름을 Main이 아닌 다른 이름으로 설정했다면 이 부분에 해당 이름을 지정합니다). 이 명령어가 실행되면 지정한 씬으로 이동합니다.

```
10         SceneManager.LoadScene("Main");
```

5.4.6 스크립트를 버튼에 어태치하기

작성한 스크립트를 버튼에 어태치합니다. 프로젝트 창의 StartGame을 인스펙터 창의 StartButton으로 드래그 앤 드롭합니다.

1단계 스크립트를 버튼에 어태치하기

1 StartGame 클릭

2 프로젝트 창의 StartGame을 계층 창의 StartButton으로 드래그 앤 드롭

5.4.7 버튼 클릭 이벤트에 함수 연결하기

버튼의 OnClick 이벤트에 StarGame 스크립트의 LoadingNewScene 함수를 연결합니다.

1단계 버튼과 이벤트 연결하기

1 StartButton 클릭

2 + 클릭

3 계층 창의 StartButton을
드래그 앤 드롭

2 단계 실행할 함수 설정하기

계층 창에서 StartButton
선택해두기

1 No Function 클릭

StartGame은 버튼에 설정한
스크립트 이름입니다.

2 StartGame 클릭

LoadingNewScene은 StartGame
스크립트에 작성한 함수 이름입니다.

3 LoadingNewScene() 클릭

On Click 이벤트에 실행할
함수가 설정됩니다

이것으로 버튼을 클릭하면 스크립트의 함수가 실행되도록 만들었습니다. 바로 게임을 실행해
봅시다. 그런데 화면에는 변화가 없고 에러가 발생합니다. **씬을 이동하는 처리를 위해서는 Unity
에 씬을 등록해둘 필요가 있습니다. 씬을 등록합시다.**

▶ 콘솔 창에 에러가 출력되었다!

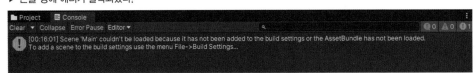

5.4.8 씬 등록하기

씬은 Build Settings에서 등록합니다. 이동할 씬(이동하려는 씬과 이동 목적지 씬)을 등록합시다.
프로젝트를 만들 때 함께 만들어지는 Scenes/SampleScene은 사용하지 않으므로 체크를 해
제합니다.

1단계 Build Settings 열기

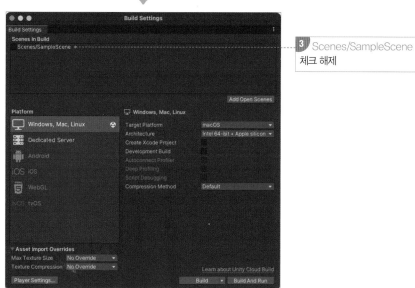

2단계 씬 등록하기

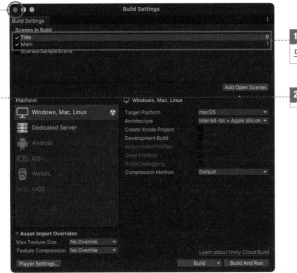

1 프로젝트 창에서 누락된 씬(Title과 Main 모두 등록)을 드래그 앤 드롭

2 X를 클릭하여 창 닫기

씬의 등록 순서

Build Settings에 씬을 등록할 때는 순서에 주의해야 합니다. 빌드한 게임을 실행할 때 Scene In Build의 가장 위에 등록된 씬이 첫 화면으로 나타납니다. 등록 순서는 드래그 앤 드롭으로 변경할 수 있으므로 첫 화면으로 나타내고 싶은 씬이 맨 위에 오도록 순서를 변경합시다.

▶ 씬의 순서 변경하기

게임을 실행했을 때 제일 먼저 표시할 씬이 맨 위에 오도록 순서를 변경합니다.

비주얼 스크립팅(Visual Scripting)으로 프로그램을 작성하지 않고 콘텐츠 만들기

Unity 2021부터 비주얼 스크립팅이 추가되었습니다. 인스펙터 창의 Add Component에서 Visual Scripting을 확인할 수 있습니다.

비주얼 스크립팅은 유닛unit(노드)을 연결하여 C# 코드를 작성하지 않고 상호 작용하는 콘텐츠를 만들 수 있는 새로운 기능입니다.

이 Visual Scripting 기능은 Bolt라는 에셋을 unity사가 인수하여 현재 무료로 사용할 수 있습니다. 그리고 Unity 2021부터는 Bolt가 에디터로 통합되면서 비주얼 스크립팅이라는 이름을 갖게 되었습니다.

유니티 2019나 유니티 2020을 사용할 경우 에셋 스토어에서 Bolt라는 에셋을 다운받으면 비주얼 스크립팅을 사용할 수 있습니다.

비주얼 스크립팅과 C#을 연계할 수도 있으며 프로그래머는 기존 방식대로 C#으로 작업하고 디자이너나 기획자는 Bolt를 사용하여 기능을 만들 수 있습니다. unit을 자체적으로 만드는 것도 가능합니다.

C#을 잘 몰라서 콘텐츠 제작을 포기한 사람은 비주얼 스크립팅을 배워보기 바랍니다.

▶ Bolt

다음은 Player를 키보드로 움직이는 처리를 비주얼 스크립팅으로 작성한 예입니다.

▶ Player를 키보드로 움직이는 처리

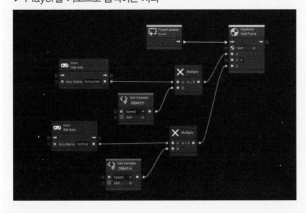

Player를 키보드로 움직이는 비주얼 스크립팅이 C#으로 작성되면 다음과 같습니다.

```
using System.Collections;
using System.Collections.Generic;
using UnityEngine;

public class PlayerController : MonoBehaviour
{
    // speed 제어
    public float speed = 10;
    void FixedUpdate()
    {
        float x = Input.GetAxis("Horizontal");
        float z = Input.GetAxis("Vertical");
        Rigidbody rigidbody = GetComponent<Rigidbody>();
        // x와 z에 speed 곱하기
        rigidbody.AddForce(x * speed, 0, z * speed);
    }
}
```

C#뿐 아니라 비주얼 스크립팅을 배우면 유니티로 할 수 있는 일의 폭이 넓어질 것입니다.

완성

이것으로 5장의 예제를 완성했습니다. 게임을 실행하면 타이틀 화면이 나타나고 Start 버튼을 클릭하면 게임 화면으로 이동하여 게임이 시작됩니다(개발 환경에서 실행할 때는 Title 씬을 편집 상태로 하여 실행합시다).

이번 장에서는 UI를 만드는 방법, 버튼 클릭으로 스크립트를 실행하는 방법, 씬을 이동하는 방법에 대해 배웠습니다. 이러한 기능들은 사용 빈도가 매우 높으므로 꼭 숙지하여 게임 제작에 활용하기 바랍니다.

▶ 완성!

3D 게임 만들기

| 6장에서 만들 예제 |

6장에서는 3D 장애물 달리기 게임을 만듭니다. 유니티의 에셋 스토어에는 게임을 만들 때 참고가 되는 예제나 활용할 수 있는 리소스가 많이 배포되어 있습니다. 이러한 것들을 잘 활용하면 개성 있는 캐릭터나 스테이지를 만들어 나만의 게임을 제작할 수 있습니다.

6장에서는 다음 내용을 배웁니다.

- 에셋 스토어 사용 방법
- 캐릭터를 움직이는 방법
- 텍스처를 적용하는 방법
- 라이트를 사용한 연출
- 시간 기록과 최고 점수 표시
- 목표 지점과 재시작 처리
- 사운드 사용 방법

▶ 6장에서 만들 예제의 완성 이미지

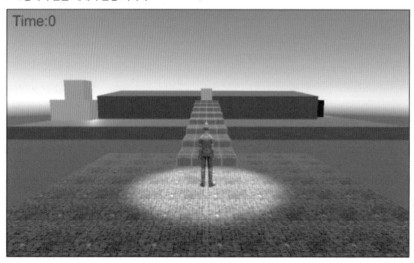

예제 프로젝트 → StageRun

URL https://www.hanbit.co.kr/src/11078

6.1 프로젝트 만들기

새로운 프로젝트를 만듭니다. 이번 장에서는 3D 게임을 만들 것이므로 프로젝트를 만들 때 3D를 선택합니다.

6.1.1 새 프로젝트 만들기

유니티 허브를 실행하고 새 프로젝트를 만든 다음 씬을 저장합니다. 이는 지금까지 계속 반복해온 작업입니다.

1단계 프로젝트 만들기

1 프로젝트 클릭

2 새 프로젝트 클릭

유니티가 이미 실행되어 있으면 File → New Project 메뉴를 선택합니다.

3 3D 선택

4 프로젝트 이름 입력 → StageRun

5 저장 경로 지정하기 (임의의 폴더)

6 프로젝트 생성 클릭

2단계 씬 만들기

1 File 클릭

2 Save As 클릭

3 씬 이름 입력하기
→ Main

4 저장 경로 지정하기
→ Assets

5 Save 클릭

▶ 새 프로젝트가 만들어진 모습

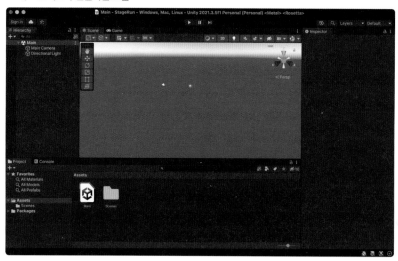

6.2 게임에 필요한 리소스 불러오기

3D 캐릭터를 사용하여 달리기 게임을 만들기 위해서는 캐릭터 리소스 데이터가 필요합니다. 유니티의 경우 게임은 만들 수 있지만 캐릭터 모델 등 복잡한 형태의 3D 데이터는 만들지 못합니다. 따라서 이번 예제에서는 유니티의 **에셋 스토어에서 게임에 필요한 데이터가 들어 있는 에셋을 다운로드**합니다.

> **NOTE_** 현재 에셋 스토어에서는 실습에 활용할 Standard Assets를 더 이상 제공하지 않습니다. 대신 이와 비슷한 Starter Assets – Third Person Character Controller라는 에셋이 있습니다. Starter Assets – Third Person Character Controller 에셋은 씬에 배치하는 것만으로 최신 기술이 적용된 캐릭터를 이용할 수 있는 매우 편리한 에셋이지만 캐릭터와 관련된 기능만 제공하기 때문에 이 책에서는 다양한 기능이 제공되는 Standard Assets를 이용하여 게임을 만듭니다(Standard Assets는 예제 파일에서 패키지로 제공하며 임포트하는 방법은 257쪽 '패키지 임포트하기'를 참고하세요). 이와는 별개로 원하는 에셋을 에셋 스토어에서 불러오는 방법은 다음 절부터 설명합니다.

6.2.1 에셋 스토어 열기

에셋 스토어에서는 게임을 만들 때 유용한 도구나 3D 모듈 등의 리소스가 판매되고 있습니다 (무료로 구할 수 있는 에셋도 많습니다).

에셋 스토어를 이용하기 위해서는 유니티 계정으로 로그인해야 합니다(이미 로그인되어 있다면 다음 작업은 건너뛰어도 됩니다). 로그인에 대해서는 37쪽을 참고하세요.

1단계 유니티 계정으로 로그인하기

1 Sign in 클릭

브라우저가 열립니다.

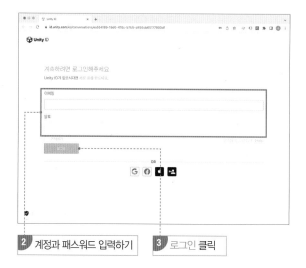

2 계정과 패스워드 입력하기   **3** 로그인 클릭

2단계 에셋 스토어 열기

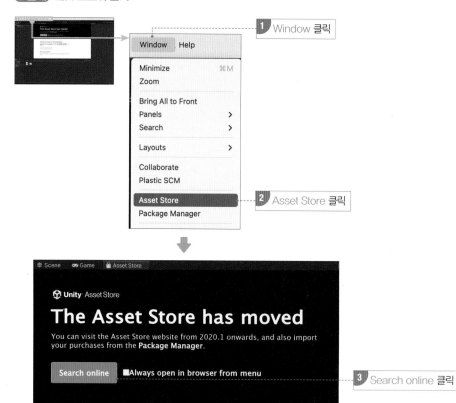

1 Window 클릭

2 Asset Store 클릭

3 Search online 클릭

6.2.2 에셋 불러오기

브라우저가 실행되고 에셋 스토어가 열리면 **다운로드할 에셋을 검색합니다.** 다음 예에서는 Standard Assets라는 에셋을 검색한다고 가정합니다(여러분은 궁금한 에셋으로 검색해보세요).

1단계 에셋 검색하기

2단계 에셋을 유니티로 불러오기

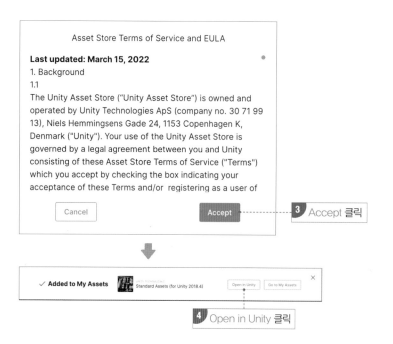

3 Accept 클릭

4 Open in Unity 클릭

3단계 에셋 다운로드하기

1 Download 클릭

이전에 다운로드해둔 상태에서 업데이트된 버전이 있으면 Update 버튼이 나타납니다. Update 버튼이 보이면 클릭하여 업데이트해둡시다.

4단계 에셋 불러오기

1 Import 클릭

여기서 프로젝트에 필요한 파일만 선택할 수도 있습니다. 하지만 유니티에 대해 충분히 이해하기 전에는 설정을 변경하지 말고 진행합시다.

2 Import 클릭

패키지 임포트하기

6장 실습에 필요한 Standard Assets 패키지를 유니티에 다음과 같이 임포트합니다.

1 Assets 클릭

2 Import Package 클릭

3 Custom Package 클릭

에셋을 불러오면 프로젝트 창의 Assets 폴더에 SampleScenes와 Standard Assets 폴더가 추가됩니다.

▶ 프로젝트에 에셋이 추가되었다!

6.2.3 예제 게임 실행해보기

Standard Assets 폴더에는 다양한 리소스와 유틸리티가 포함되어 있습니다. 게임을 만들 때 많은 도움이 되므로 필요한 것이 있다면 사용해보세요.

▶ Standard Assets 폴더

> Standard Assets 폴더의 내용은 자유롭게 사용하거나 재배포 가
> 능합니다. 따라서 이번에 다운로드한 Standard Assets 이외의 다
> 른 에셋에도 같은 내용이 포함되어 있을 수 있습니다.

SampleScenes 폴더에는 참고할 수 있는 다양한 예제 게임이 수록되어 있습니다.

▶ SampleScenes 폴더

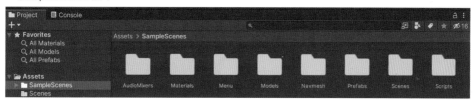

샘플을 열어봅시다. Assets → SampleScenes → Scenes를 선택합니다.

▶ Scenes 폴더

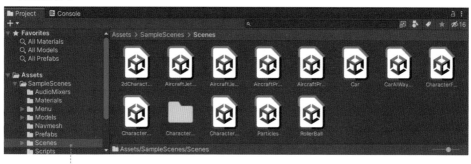

Assets → SampleScenes → Scenes 클릭

Scenes 폴더에는 유니티 아이콘과 같은 모양의 파일들이 있습니다. 이것은 하나하나가 예제 게임의 씬 데이터입니다. 이 예제들은 어느 정도 완성된 게임의 씬 데이터가 어떻게 구성되어 있는지 알 수 있는 좋은 교재라고 할 수 있습니다.

CharacterThirdPerson 실행해보기

예제 중에서 CharacterThirdPerson을 실행해봅시다. 프로젝트 창에서 CharacterThirdPerson 을 더블 클릭합니다. CharacterThirdPerson 씬이 열리면 게임 뷰에 다음 그림과 같이 표시됩니다.

플레이 버튼을 클릭해서 게임을 실행해봅니다. 키 입력에 따라 캐릭터를 움직일 수 있습니다. 스테이지에 놓인 붉은 상자는 밀어서 움직일 수 있습니다.

이 예제는 3인칭 시점(ThirdPersonView) 게임의 기본적인 동작을 소개하고 있어 게임의 규 칙이나 목적이 없습니다. 이 예제를 참고해서 캐릭터가 달리는 게임을 만들어봅시다.

▶ CharacterThirdPerson의 화면

▶ CharacterThirdPerson 조작 방법

마우스 조작	시점 변경
방향키(WASD 키)	캐릭터 이동
Shift 키를 누르면서 캐릭터 이동	걷기
스페이스 바	점프

일단 게임 실행을 종료하고 씬 데이터의 구성을 살펴봅시다. 계층 창에는 씬에 존재하는 오브젝트가 등록되어 있습니다.

ThirdPersonController가 캐릭터 오브젝트입니다. 모델 데이터와 캐릭터를 움직이기 위한 기능이 묶여 있습니다. Lights는 씬에 사용되는 조명 기능입니다. Cameras는 씬을 촬영하여 게임 화면에 보여주는 기능입니다. 그 밖에 스테이지 오브젝트 등으로 구성되어 있습니다.

▶ ThirdPersonController 오브젝트

이처럼 SampleScenes에는 게임을 만들 때 참고할 수 있는 유용한 자료가 많이 들어 있습니다. 에셋 스토어에서는 이러한 튜토리얼 예제를 무료로 받을 수 있습니다. 만들고 싶은 게임과 비슷한 예제가 있는지 찾아보면 좋을 것입니다.

6.3 캐릭터 만들기

예제 게임을 참고하여 달리기 게임을 만들어봅시다.

6.3.1 Main 씬 열기

달리기 게임을 위해 새로 만들었던 Main 씬을 열어봅니다. 또한 Scene 탭을 클릭하여 씬 뷰를 표시합니다.

1단계 Main 씬 열기

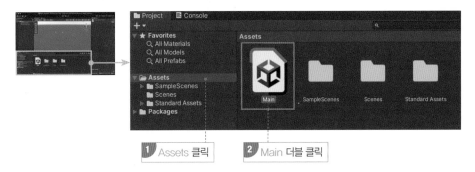

6.3.2 씬의 시점 조절하기

씬 뷰의 시점을 옆에서 본 방향으로 변경합시다. 시점이 다르면 좌푯값 등이 달라질 수 있으므로 반드시 다음 1단계처럼 변경합니다. 씬의 시점을 변경하는 방법은 54쪽 '씬 기즈모'를 참고하세요.

1단계 씬의 시점 조절하기

y가 위, z가 오른쪽에 오도록
씬 기즈모를 조절합니다.

1 씬의 방향 조절하기

게임을 만드는 도중에는 씬의 방향을 변경하거나 확대, 축소 등으로 확인하며 진행하기도 하지만 확인한 후에는 혼동이 생기지 않도록 반드시 원래 상태로 돌려놓아야 합니다.

6.3.3 시작 지점 만들기

캐릭터를 배치하고 게임의 시작 지점이 될 바닥을 만들어봅시다.

바닥으로 사용할 모델 데이터는 프로젝트 창의 **Assets** 폴더에서 Standard Assets → Proto typing → Prefabs 폴더에 있는 리소스를 사용합니다. Prefabs 폴더에는 단순하지만 유용한 자료가 많이 들어 있습니다.

이번에는 그중 **FloorPrototype08x01x08**이라는 Prefab 데이터를 사용합니다. 이름에 있는 08x01x08은 너비 8m, 높이 1m, 폭 8m를 의미합니다. 모델 데이터는 프리팹으로 변환되어 있으므로 계층 창으로 드래그 앤 드롭하면 씬에서 바로 사용할 수 있습니다.

1단계 FloorPrototype08x01x08 추가하기

2단계 Start의 위치, 각도, 크기 설정하기

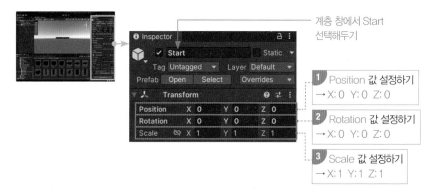

계층 창에서 Start
선택해두기

1 Position 값 설정하기
→X: 0 Y: 0 Z: 0

2 Rotation 값 설정하기
→X: 0 Y: 0 Z: 0

3 Scale 값 설정하기
→X: 1 Y: 1 Z: 1

Prefabs 폴더에는 이 밖에도 스테이지를 만들 때 도움이 되는 많은 자료가 있습니다. 다양하게 시도해보세요.

▶ 시작 지점이 추가되었다!

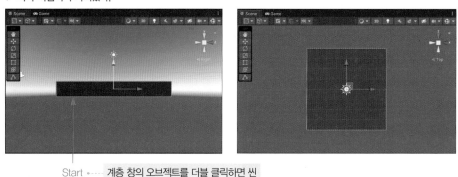

Start ···· 계층 창의 오브젝트를 더블 클릭하면 씬
뷰의 중앙에 표시됩니다.

6.3.4 플레이어 만들기

플레이어의 분신이 될 오브젝트를 만들어봅시다. Standard Assets에 포함되어 있는 간략한 플레이어 캐릭터 데이터를 사용합니다.

프로젝트 창의 Assets 폴더에서 Standard Assets → Characters → ThirdPersonCharacter → Prefabs 폴더를 선택합니다. 그중 **ThirdPersonController**가 이번 예제에서 사용할 캐릭터 데이터입니다. 키 입력에 따라 이동하는 처리가 기본으로 설정되어 있기 때문에 배치하면 바로 움직일 수 있습니다.

1단계 ThirdPersonController 추가하기

1 Standard Assets → Characters →
ThirdPersonCharacter → Prefabs 클릭

2 ThirdPersonController
클릭

3 프로젝트 창의
ThirdPersonController를 계층
창으로 드래그 앤 드롭

4 ThirdPersonController의
이름 변경하기 → Player

2단계 Player의 위치, 각도, 크기 설정하기

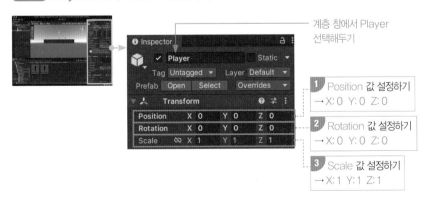

계층 창에서 Player
선택해두기

1 Position 값 설정하기
→ X: 0 Y: 0 Z: 0

2 Rotation 값 설정하기
→ X: 0 Y: 0 Z: 0

3 Scale 값 설정하기
→ X: 1 Y: 1 Z: 1

플레이어의 위치가 앞서 만든 시작 지점 위로 올라옵니다. 계층 창에서 Player를 더블 클릭했을 때 씬 뷰가 다음 그림처럼 표시되면 바르게 설정된 것입니다. 다음 그림처럼 표시되지 않으면 Center/Pivot 버튼(52쪽 참고)을 Pivot으로 변경하고 다시 확인해보세요.

▶ 플레이어가 배치되었다!

NOTE... ThirdPersonController에는 키 입력에 따라 플레이어를 움직이는 스크립트가 설정되어 있습니다. 캐릭터를 움직이는 동작을 만들 때 참고하세요.

6.3.5 플레이어에 태그 설정하기

태그Tag는 오브젝트를 식별하기 위한 정보로, 스크립트에서 오브젝트를 식별하기 위해 사용합니다. Player 등 사용 빈도가 높은 태그는 미리 정의되어 있어 설정만 하면 바로 사용할 수 있습니다. 사용자가 직접 태그를 설정할 수도 있습니다.

이번 예제에서는 **플레이어에 미리 정의된 Player 태그를 설정**합니다. 이렇게 하면 앞으로 만들 스테이지의 시작 지점, 목표 지점, 낙하 판정 등에서 플레이어를 판별하기가 수월해집니다.

1단계 Player 태그 설정하기

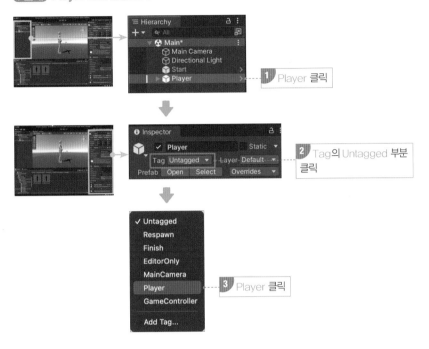

플레이어를 배치한 후 게임을 실행해보세요. 키보드의 방향키나 A, S, D, W 키를 눌러서 플레이어가 움직이는 것을 확인합니다.

▶ 플레이어 움직이기

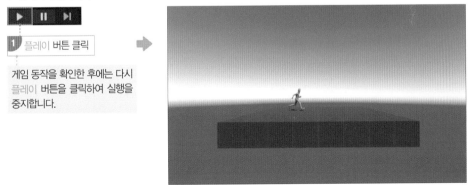

1 플레이 버튼 클릭

게임 동작을 확인한 후에는 다시 플레이 버튼을 클릭하여 실행을 중지합니다.

6.4 플레이어를 따라 카메라 이동하기

시작 지점과 플레이어를 배치하여 플레이어를 자유롭게 움직일 수 있게 되었습니다. 하지만 지금 상태로는 게임을 표시하는 카메라 위치가 고정되어 있으므로 카메라 범위 밖으로 플레이어가 이동하면 보이지 않게 됩니다.

아직 바닥을 하나만 배치한 상태라서 플레이어가 화면을 벗어나는 일은 없지만, 스테이지를 확장했을 때는 플레이어가 화면을 벗어나게 되어 게임을 플레이하는 데 불편할 수 있습니다. 그렇게 되지 않도록 **플레이어의 움직임에 따라 카메라가 이동**하게 하여 플레이어가 항상 화면에 보이도록 해봅시다.

▶ 카메라가 고정되어 있다

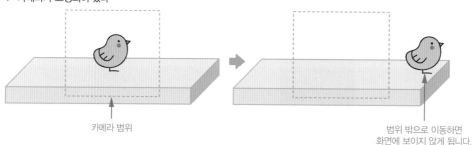

카메라 범위

범위 밖으로 이동하면
화면에 보이지 않게 됩니다.

▶ 카메라가 플레이어를 따라 이동한다

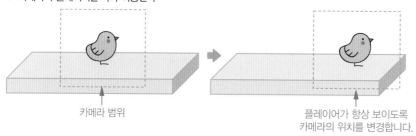

카메라 범위

플레이어가 항상 보이도록
카메라의 위치를 변경합니다.

6.4.1 카메라 만들기

게임 화면에 표시되는 것은 게임 씬에 배치된 카메라가 비추는 범위라는 것을 3장에서 배웠습니다. 따라서 플레이어를 따라 게임 화면을 이동하려면 카메라를 제어해야 합니다. 프로젝트에 처음부터 배치되어 있는 Main Camera를 스크립트로 움직일 수도 있지만, 이번 예제에서는 조금 더 쉬운 방법으로 구현해봅시다. Standard Assets에는 액션 게임에서 자주 사용하는 카메라가 몇 가지 마련되어 있습니다. 그중 하나를 사용합니다.

프로젝트 창의 Assets 폴더에서 Standard Assets → Cameras → Prefabs를 선택하면 4가지 카메라 기능이 들어 있는 것을 볼 수 있습니다. 이번 예제에서는 MultipurposeCameraRig를 사용합니다. 이 카메라는 Player 태그가 설정된 캐릭터의 움직임을 자동으로 추적합니다. 플레이어에 Player 태그가 설정되어 있는지 다시 한 번 확인해두세요(태그는 6.3.5절을 참고하세요).

▶ Standard Assets의 카메라

CctvCamera	공중의 고정된 지점에서 플레이어를 쫓는 카메라
FreeLookCameraRig	플레이어를 따라다니며 마우스 조작으로 시점 이동이 가능한 카메라
HandheldCamera	손떨림을 재현한 카메라
MultipurposeCameraRig	플레이어를 따라다니며 플레이어가 향한 방향이 정면이 되도록 회전하는 카메라

1단계 MultipurposeCameraRig 추가하기

1 Standard Assets → Cameras → Prefabs 클릭   2 MultipurposeCameraRig 클릭

3 프로젝트 창의 MultipurposeCameraRig를 계층 창으로 드래그 앤 드롭

4 MultipurposeCameraRig의 이름 변경하기 → TrackingCamera

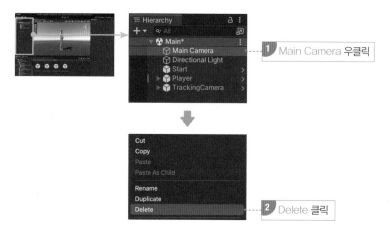

Main Camera를 제거하면 새로 추가한 TrackingCamera가 자동으로 게임 화면이 됩니다. 이제 캐릭터의 움직임에 따라 이동하는 카메라로 변경되었습니다.

여기까지 작업한 후 게임을 실행해서 동작을 확인해봅시다. 만일 카메라가 플레이어를 제대로 쫓아다니지 않는다면 태그가 제대로 설정되었는지 확인해보세요.

▶ 플레이어를 따라서 게임 화면이 움직이게 되었다!

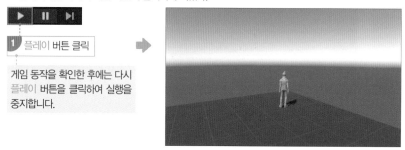

6.5 스테이지 만들기

아직 시작 지점밖에 없으므로 플레이어가 움직일 수 있는 공간이 거의 없습니다. 스테이지를 좀 더 넓혀서 플레이어가 여기저기 걸어 다닐 수 있게 만들어봅시다. 장애물 달리기 게임이므로 플레이어를 방해하는 오브젝트도 배치해야 합니다.

먼저 **목표 지점까지 이르는 길**을 만들고 그 후에 **장애물을 배치**합니다.

▶ 스테이지 구성

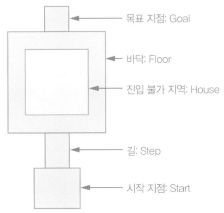

목표 지점: Goal

바닥: Floor

진입 불가 지역: House

길: Step

시작 지점: Start

6.5.1 Step 만들기

시작 지점과 바닥을 연결하는 길을 만듭니다.

프로젝트 창의 **Assets** 폴더에서 Standard Assets → Prototyping → Prefabs를 선택하고 **StepsPrototype04x02x02**를 계층 창으로 드래그 앤 드롭합니다.

1단계 StepsPrototype04x02x02 추가하기

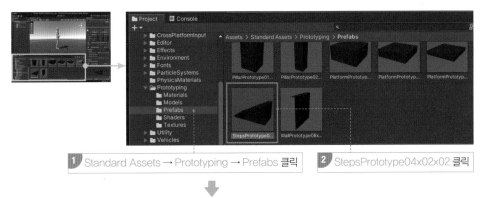

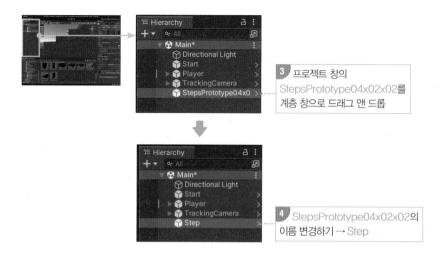

3 프로젝트 창의
StepsPrototype04x02x02를
계층 창으로 드래그 앤 드롭

4 StepsPrototype04x02x02의
이름 변경하기 → Step

2단계 Step의 위치, 각도, 크기 설정하기

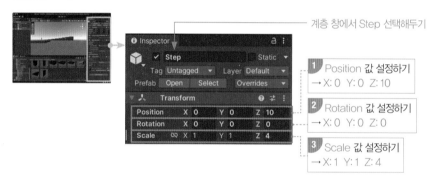

계층 창에서 Step 선택해두기

1 Position 값 설정하기
→ X: 0 Y: 0 Z: 10

2 Rotation 값 설정하기
→ X: 0 Y: 0 Z: 0

3 Scale 값 설정하기
→ X: 1 Y: 1 Z: 4

Step이 배치되었습니다. 씬을 확대 또는 축소하고 방향을 변경해서 위치 관계를 확인합니다 (확인이 끝나면 원래대로 돌려놓으세요).

▶ Step이 배치되었다!

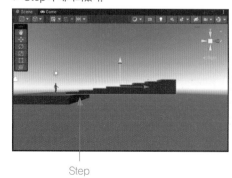

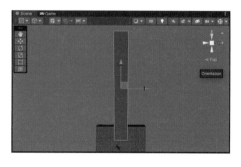

Step

6.5.2 Floor 만들기

화면 중앙에 큰 바닥을 만듭시다. 프로젝트 창의 **Assets** 폴더에서 Standard Assets → Proto typing → Prefabs를 선택하고 FloorPrototype08x01x08을 계층 창으로 드래그 앤 드롭합니다.

1단계 FloorPrototype08x01x08 추가하기

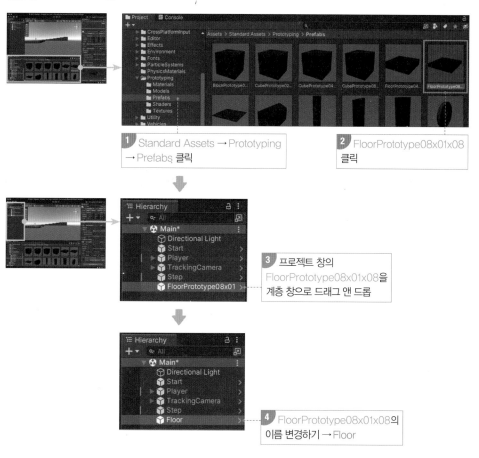

1 Standard Assets → Prototyping → Prefabs 클릭

2 FloorPrototype08x01x08 클릭

3 프로젝트 창의 FloorPrototype08x01x08을 계층 창으로 드래그 앤 드롭

4 FloorPrototype08x01x08의 이름 변경하기 → Floor

2단계 Floor의 위치, 각도, 크기 설정하기

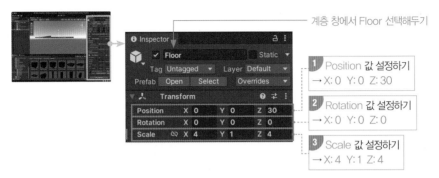

계층 창에서 Floor 선택해두기

1 Position 값 설정하기
→ X: 0 Y: 0 Z: 30

2 Rotation 값 설정하기
→ X: 0 Y: 0 Z: 0

3 Scale 값 설정하기
→ X: 4 Y: 1 Z: 4

▶ Floor가 추가되었다!

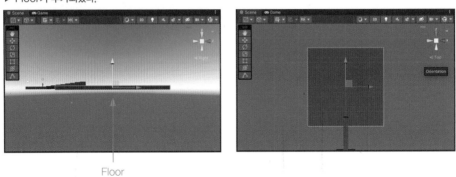

Floor

6.5.3 Goal 만들기

목표 지점 바닥을 만듭니다. 프로젝트 창의 **Assets** 폴더에서 Standard Assets → Prototyping
→ Prefabs를 선택하고 FloorPrototype04x01x04를 계층 창으로 드래그 앤 드롭합니다.

1단계 FloorPrototype04x01x04 추가하기

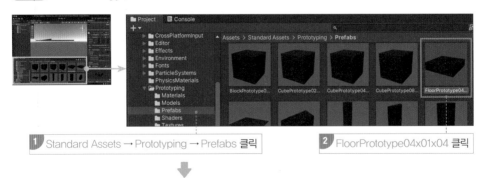

1 Standard Assets → Prototyping → Prefabs 클릭

2 FloorPrototype04x01x04 클릭

3 프로젝트 창의
FloorPrototype04x01x04를
계층 창으로 드래그 앤 드롭

4 FloorPrototype04x01x04의
이름 변경하기 → Goal

2단계 Goal의 위치, 각도, 크기 설정하기

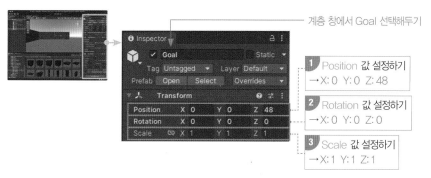

계층 창에서 Goal 선택해두기

1 Position 값 설정하기
→ X: 0 Y: 0 Z: 48

2 Rotation 값 설정하기
→ X: 0 Y: 0 Z: 0

3 Scale 값 설정하기
→ X: 1 Y: 1 Z: 1

▶ Goal이 추가되었다!

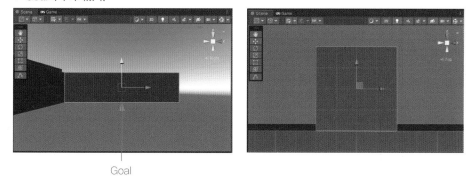

Goal

6.5.4 House 만들기

중앙에 배치한 바닥 위에 **진입할 수 없는 지역**을 만듭니다. 프로젝트 창의 Assets 폴더에서 Standard Assets → Prototyping → Prefabs를 선택하고 **HousePrototype16x16x24**를 계층 창으로 드래그 앤 드롭합니다.

1단계 **HousePrototype16x16x24 추가하기**

① Standard Assets → Prototyping → Prefabs 클릭

② HousePrototype16x16x24 클릭

③ 프로젝트 창의 HousePrototype16x16x24를 계층 창으로 드래그 앤 드롭

④ HousePrototype16x16x24의 이름 변경하기 → House

2단계 House의 위치, 각도, 크기 설정하기

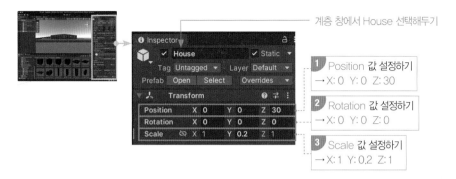

계층 창에서 House 선택해두기

1 Position 값 설정하기
→ X: 0 Y: 0 Z: 30

2 Rotation 값 설정하기
→ X: 0 Y: 0 Z: 0

3 Scale 값 설정하기
→ X: 1 Y: 0.2 Z: 1

▶ House가 추가되었다!

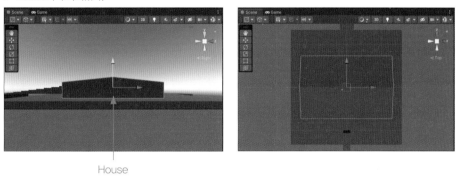

House

이제 스테이지가 확장되어 이동할 수 있는 범위가 더 넓어졌습니다. 게임을 실행해서 확인해봅시다.

▶ 스테이지를 돌아다녀보자!

1 플레이 버튼 클릭

게임 동작을 확인한 후에는 다시
플레이 버튼을 클릭하여 실행을
중지합니다.

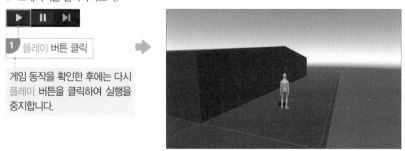

여기까지 작업했을 때 계층 창의 상태는 다음과 같습니다.

▶ 씬의 구성 현황

NOTE_ 바닥의 개수나 너비는 자유롭게 설정할 수 있습니다. 바닥 조합에 따라 더 복잡한 스테이지를 만들 수도 있습니다. 스테이지 구성에 익숙해졌다면 독자적인 스테이지를 만들어보세요.

빈 오브젝트로 관리하기

게임의 스테이지는 여러 오브젝트로 구성됩니다. 각각의 오브젝트를 계층 창에서 따로따로 관리해도 게임에는 아무 문제가 없습니다. 하지만 관리 측면에서는 Stage로 묶어두는 것이 편리합니다. 빈 오브젝트는 이러한 상황에서 여러 오브젝트를 하나로 묶을 때 사용할 수 있습니다.

계층 창에서 + → Create Empty를 선택하여 빈 오브젝트를 만들고 이름을 Stage로 변경한 다음, 스테이지를 구성하는 오브젝트들을 새로 만든 Stage 오브젝트의 자식 오브젝트로 만듭니다. 이렇게 하면 계층 창을 깔끔하게 관리할 수 있습니다.

▶ 오브젝트를 묶어서 관리하기

6.6 장애물 설치하기

플레이어를 방해하는 장애물을 만들어봅시다. 장애물은 플레이어가 밀어서 움직일 수 있는 상자와 움직일 수 없는 상자 두 종류를 만듭니다.

6.6.1 움직일 수 있는 상자 배치하기

제일 먼저 플레이어가 밀어서 움직일 수 있는 타입을 만듭니다. 밀 수 있는 상자는 프로젝트 창의 Assets 폴더에서 SampleScenes → Prefabs를 선택하면 나타나는 목록 중 Box, BoxPile, BoxSmall 세 가지입니다. 이 중 BoxSmall과 BoxPile을 사용합니다.

1단계 BoxSmall 추가하기

4 BoxSmall의 이름 변경하기
→ Box1

2단계 Box1의 위치, 각도, 크기 설정하기

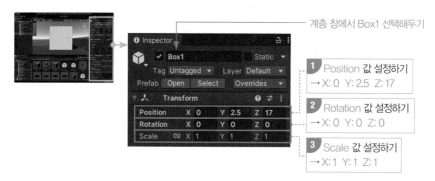

계층 창에서 Box1 선택해두기

1 Position 값 설정하기
→ X: 0 Y: 2.5 Z: 17

2 Rotation 값 설정하기
→ X: 0 Y: 0 Z: 0

3 Scale 값 설정하기
→ X: 1 Y: 1 Z: 1

3단계 BoxPile 추가하기

1 SampleScenes
→ Prefabs 클릭

2 BoxPile 클릭

3 프로젝트 창의 BoxPile을 계층 창으로 드래그 앤 드롭

4 BoxPile의 이름 변경하기
→ Box2

4단계 Box2의 위치, 각도, 크기 설정하기

계층 창에서 Box2 선택해두기

1 Position 값 설정하기
→ X: −14 Y: 0 Z: 22

2 Rotation 값 설정하기
→ X: 0 Y: 0 Z: 0

3 Scale 값 설정하기
→ X: 1 Y: 1 Z: 1

▶ Box1이 추가되었다!

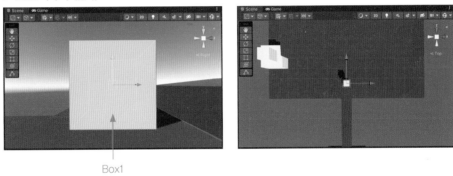

Box1

▶ Box2가 추가되었다!

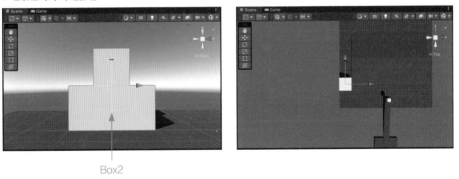

Box2

스테이지의 정면과 왼쪽 경로에 밀어서 움직일 수 있는 상자를 설치했습니다. 게임을 실행해봅시다.

▶ 밀 수 있는 상자를 배치했다!

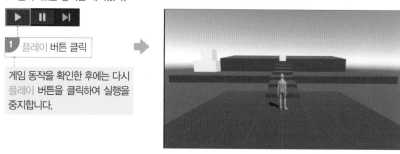

1 플레이 버튼 클릭

게임 동작을 확인한 후에는 다시
플레이 버튼을 클릭하여 실행을
중지합니다.

6.6.2 움직이지 않는 상자 배치하기

다음은 밀어도 움직이지 않는 상자를 배치합니다. 움직이지 않는 상자는 아직 아무것도 배치
되지 않은 오른쪽 경로에 배치합니다. 움직이지 않는 상자는 프로젝트 창의 Assets 폴더에서
Standard Assets → Prototyping → Prefabs 폴더에 있는 **BlockPrototype04x04x04**를
사용합니다.

1단계 BlockPrototype04x04x04를 3개 추가하기

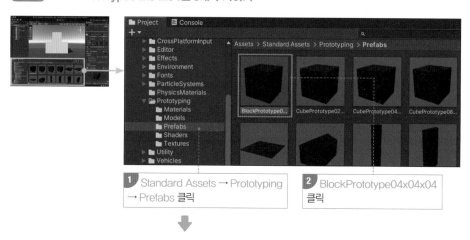

1 Standard Assets → Prototyping
→ Prefabs 클릭

2 BlockPrototype04x04x04
클릭

3 프로젝트 창의
BlockPrototype04x04x04를
계층 창으로 3번 드래그 앤 드롭

4 BlockPrototype04x04x04의
이름 변경하기 → Box3 ~ Box5

2단계 Box3의 위치, 각도, 크기 설정하기

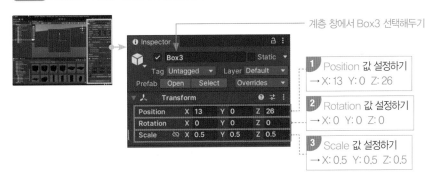

계층 창에서 Box3 선택해두기

1 Position 값 설정하기
→ X: 13 Y: 0 Z: 26

2 Rotation 값 설정하기
→ X: 0 Y: 0 Z: 0

3 Scale 값 설정하기
→ X: 0.5 Y: 0.5 Z: 0.5

3 단계 Box4의 위치, 각도, 크기 설정하기

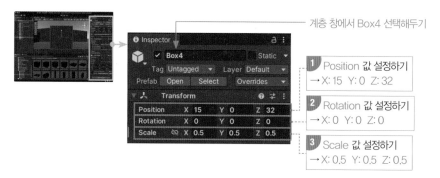

계층 창에서 Box4 선택해두기

1 Position 값 설정하기
→ X: 15 Y: 0 Z: 32

2 Rotation 값 설정하기
→ X: 0 Y: 0 Z: 0

3 Scale 값 설정하기
→ X: 0.5 Y: 0.5 Z: 0.5

4 단계 Box5의 위치, 각도, 크기 설정하기

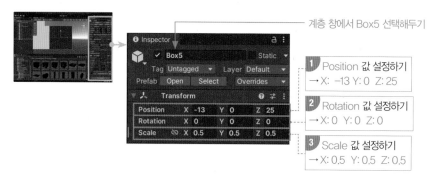

계층 창에서 Box5 선택해두기

1 Position 값 설정하기
→ X: −13 Y: 0 Z: 25

2 Rotation 값 설정하기
→ X: 0 Y: 0 Z: 0

3 Scale 값 설정하기
→ X: 0.5 Y: 0.5 Z: 0.5

▶ 움직이지 않는 상자가 추가되었다!

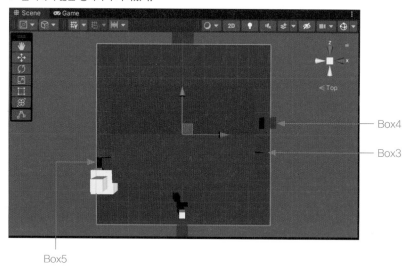

Box4

Box3

Box5

상자가 움직이지 않는 이유

BoxSmall과 BoxPile은 움직이는데 BlockPrototype04x04x04는 움직이지 않습니다. 왜 그럴까요? 정답은 간단하게도 BlockPrototype04x04x04에 리지드바디가 설정되어 있지 않기 때문입니다. 리지드바디는 3장에서 배웠습니다. 리지드바디가 없기 때문에 플레이어가 상자를 미는 물리적인 동작이 반영되지 않는 것입니다.

6.7 스테이지에 텍스처 설정하기

지금까지 스테이지를 만들었습니다. 하지만 온통 칙칙한 파란색입니다. 이제부터 게임 분위기를 바꿔봅시다.

게임 분위기는 바닥이나 벽에 텍스처를 적용하여 외관을 사실적으로 표현하거나 빛을 활용하면 바꿀 수 있습니다.

▶ 게임의 겉모습 향상시키기

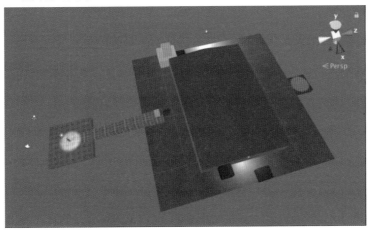

6.7.1 텍스처 구하기

3D 오브젝트는 표면에 텍스처를 적용할 수 있는데 텍스처를 사용하면 오브젝트를 조금 더 다양하게 표현할 수 있습니다.

에셋 스토어에는 무료와 유료 텍스처가 많이 배포되고 있습니다. 이번 예제에서는 그중 Yughues Free Architectural Materials를 사용합니다. 에셋 스토어를 이용하기 위해서는 유니티 계정이 필요합니다(6.2.1절 참고).

1단계 에셋 스토어 열기

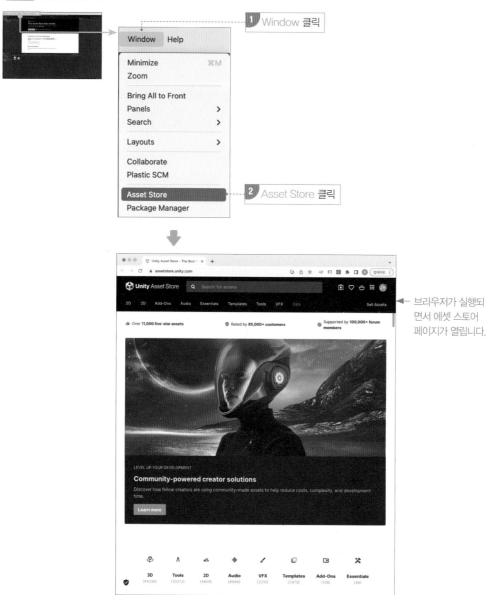

브라우저가 실행되면서 에셋 스토어 페이지가 열립니다.

2단계 에셋 검색하기

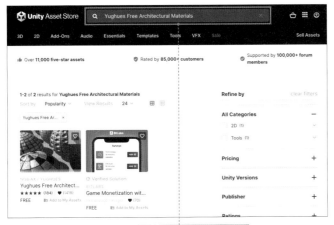

1 검색어 입력하기 → Yughues Free Architectural Materials

3단계 에셋을 유니티로 불러오기

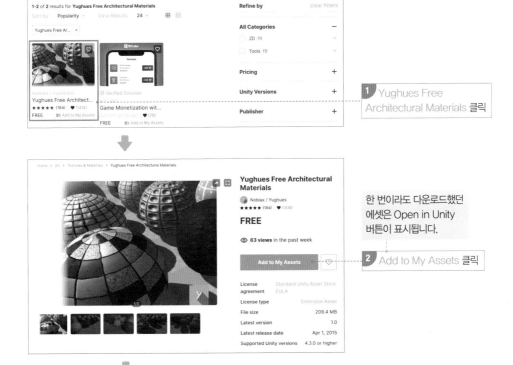

1 Yughues Free Architectural Materials 클릭

한 번이라도 다운로드했던 에셋은 Open in Unity 버튼이 표시됩니다.

2 Add to My Assets 클릭

Asset Store Terms of Service and EULA

Last updated: March 15, 2022
1. Background
1.1
The Unity Asset Store ("Unity Asset Store") is owned and operated by Unity Technologies ApS (company no. 30 71 99 13), Niels Hemmingsens Gade 24, 1153 Copenhagen K, Denmark ("Unity"). Your use of the Unity Asset Store is governed by a legal agreement between you and Unity consisting of these Asset Store Terms of Service ("Terms") which you accept by checking the box indicating your acceptance of these Terms and/or registering as a user of

Cancel   Accept

에셋을 임포트한 적이 있으면 이 화면이 표시되지 않을 수 있습니다.

3 Accept 클릭

✓ **Added to My Assets**   Yughues Free Architectural Materials   Open in Unity   Go to My Assets

4 Open in Unity 클릭

4단계 Yughues Free Architectural Materials를 프로젝트에 임포트하기

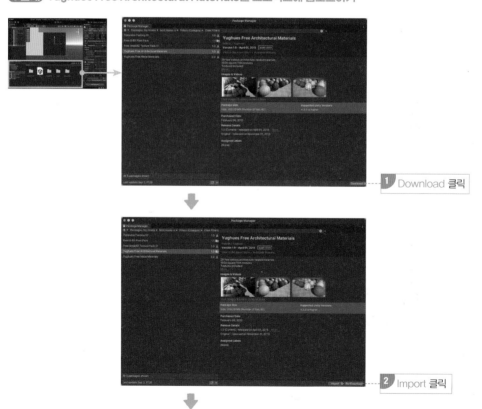

1 Download 클릭

2 Import 클릭

프로젝트 창의 Assets 폴더에 Architecture textures pack이 추가됩니다. 폴더 안을 살펴보면 많은 폴더가 있는데 하나하나가 이미지 데이터입니다.

▶ Yughues Free Architectural Materials가 추가되었다!

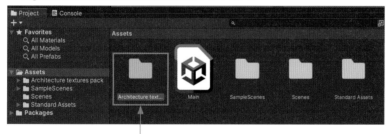

Yughues Free Architectural Materials

6.7.2 시작 지점에 텍스처 적용하기

스테이지를 구성하는 오브젝트에 임포트한 텍스처를 적용해봅시다. 먼저 **시작 지점(Start)**에 적용합니다. 프로젝트 창의 Assets 폴더에서 Architecture textures pack → Gabion wall 폴더에 있는 **Gabion wall diffuse**를 사용합니다.

1단계 Start에 텍스처 적용하기

1 Architecture textures pack
→ Gabion wall 클릭

2 Gabion wall diffuse
클릭

3 프로젝트 창의 Gabion wall diffuse를
계층 창의 Start로 드래그 앤 드롭

▶ Start에 텍스처가 적용되었다!

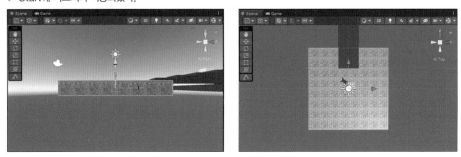

프로젝트 창의 텍스처를 씬 뷰의 오브젝트로 드래그 앤 드롭하여 적용할 수도 있습니다.

6.7.3 계단에 텍스처 적용하기

다음은 계단(Step)에 텍스처를 적용합니다. 프로젝트 창의 **Assets** 폴더에서 Architecture textures pack → Plasterboard 폴더에 있는 **Plasterboard diffuse**를 사용합니다.

1단계 Step에 텍스처 적용하기

1 Architecture textures pack
→ Plasterboard 클릭

2 Plasterboard diffuse
클릭

3 프로젝트 창의 Plasterboard diffuse를
계층 창의 Step으로 드래그 앤 드롭

▶ Step에 텍스처가 적용되었다!

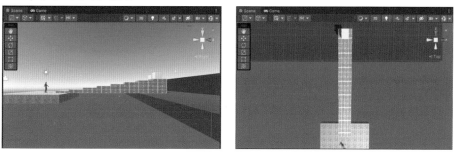

6.7.4 바닥에 텍스처 적용하기

바닥(Floor)에 텍스처를 적용합니다. 프로젝트 창의 Assets 폴더에서 Architecture textures pack → Bricks red smooth 폴더에 있는 **Bricks red smooth diffuse**를 사용합니다.

1단계 Floor에 텍스처 적용하기

1 Architecture textures pack → Bricks red smooth 클릭

2 Bricks red smooth diffuse 클릭

3 프로젝트 창의 Bricks red smooth diffuse를 계층 창의 Floor로 드래그 앤 드롭

▶ Floor에 텍스처가 적용되었다!

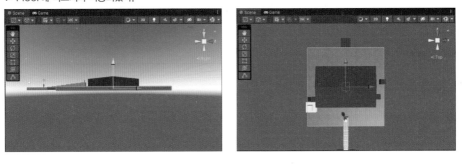

6.7.5 목표 지점에 텍스처 적용하기

목표 지점(Goal)에 텍스처를 적용합니다. 프로젝트 창의 Assets 폴더에서 Architecture textures pack → Lacquered pebbles 폴더에 있는 **Lacquered pebbles diffuse**를 사용합니다.

1단계 Goal에 텍스처 적용하기

1 Architecture textures pack
→ Lacquered pebbles 클릭

2 Lacquered
pebbles diffuse 클릭

3 프로젝트 창의 Lacquered pebbles diffuse를 계층 창의 Goal로 드래그 앤 드롭

▶ Goal에 텍스처가 적용되었다!

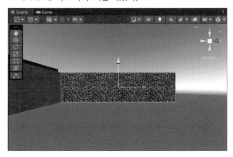
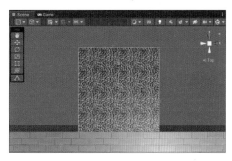

6.7.6 진입 불가 지역에 텍스처 적용하기

스테이지의 중앙에 배치한 **진입 불가 지역(House)**에 텍스처를 적용합니다. 프로젝트 창의
Assets 폴더에서 Architecture textures pack → Roof tiles weathered 폴더에 있는 **Roof
tiles weathered diffuse**를 사용합니다.

1단계 House에 텍스처 적용하기

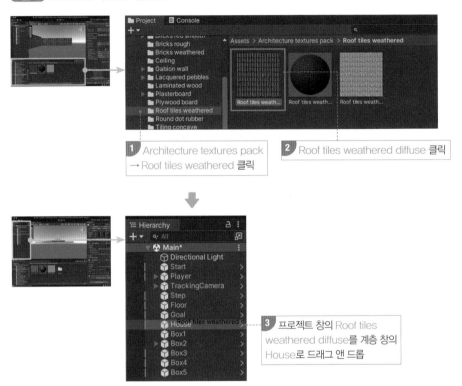

▶ House에 텍스처가 적용되었다!

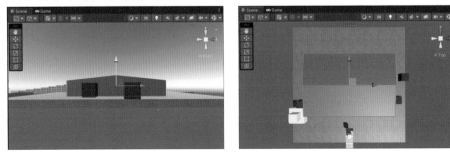

이것으로 텍스처 적용이 완료되었습니다. 게임을 실행하여 화면에 보이는 모습을 확인해봅시다.

▶ 스테이지에 텍스처가 적용되었다!

1 플레이 버튼 클릭

게임 동작을 확인한 후에는 다시
플레이 버튼을 클릭하여 실행을
중지합니다.

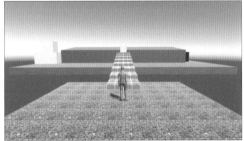

텍스처 확인

오브젝트에 설정된 텍스처는 Mesh Renderer 컴포넌트의 Materials → Element 0에서 확인할 수 있습니다.

▶ 텍스처 확인하기

← 설정된 텍스처 확인

Skybox

Skybox(스카이박스)를 이용하면 하늘을 스테이지의 배경으로 만들 수 있습니다. Skybox는 땅을 반구형 돔으로 덮고 있는 모양입니다. 기본값은 푸른 하늘이지만 머티리얼을 설정하여 다양한 하늘을 연출할 수도 있습니다. 머티리얼은 Window → Rendering → Lighting 메뉴를 선택하면 나타나는 창의 Environment 탭에서 Skybox Material로 설정합니다.

Skybox용 머티리얼은 에셋 스토어에서 쉽게 찾을 수 있습니다. Sky5X One 등을 임포트해서 사용해보세요.

6.8 라이트 추가하기

스테이지의 외관을 더 멋지게 연출하기 위해 빛을 이용합니다. 이번 예제에서는 유니티의 표준 라이트인 Spotlight와 Point Light를 사용하여 조금 더 멋진 연출을 추가해봅시다.

6.8.1 Directional Light를 약하게 하기

프로젝트나 씬을 새로 만들면 맨 처음부터 Directional Light가 추가되어 있습니다. Directional Light는 유니티의 표준 라이트 중 하나로 태양 빛을 표현합니다. 빛이 비치는 상태나 색조를 설정하여 이른 아침이나 저녁노을과 같은 상황을 연출할 수 있습니다.

먼저 **빛의 세기를 줄여서 전체적으로 조금 어둡게 만들어봅시다.** 빛의 세기는 Light 컴포넌트의 Intensity 값으로 조절합니다.

1단계 Directional Light 약하게 하기

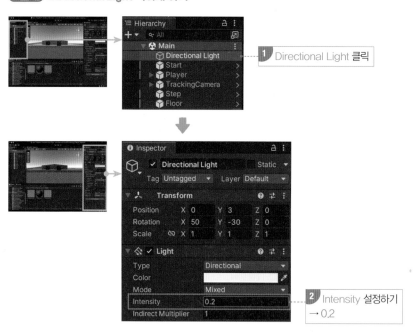

이제 스테이지가 조금 어두워졌습니다. 게임 뷰에서 확인해봅시다. 전체가 어두워졌기 때문에 이제부터 만들 라이트가 조금 더 강조됩니다.

▶ 화면이 전체적으로 어두워졌다!

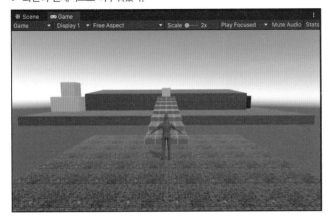

6.8.2 시작 지점에 Spotlight 추가하기

Spotlight는 이름에서도 알 수 있듯이 스포트라이트처럼 특정 오브젝트나 장소를 강조하려고 할 때 유용한 라이트입니다. **시작 지점을 스포트라이트로 비추게** 해봅시다.

1단계 Spotlight 추가하기

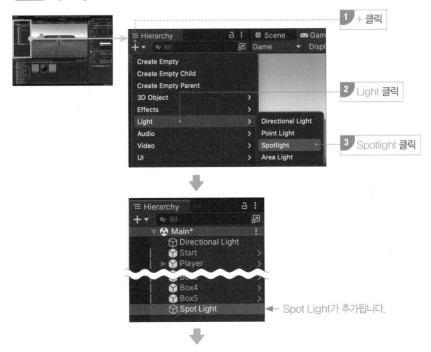

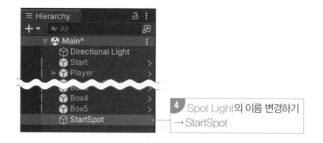

4 Spot Light의 이름 변경하기
→ StartSpot

2 단계 StartSpot의 위치, 각도, 크기 설정하기

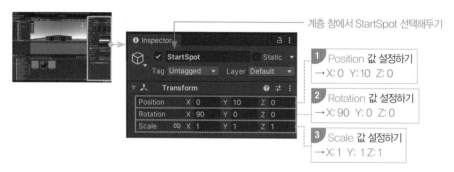

계층 창에서 StartSpot 선택해두기

1 Position 값 설정하기
→ X: 0 Y: 10 Z: 0

2 Rotation 값 설정하기
→ X: 90 Y: 0 Z: 0

3 Scale 값 설정하기
→ X: 1 Y: 1 Z: 1

3 단계 StartSpot의 라이트 설정하기

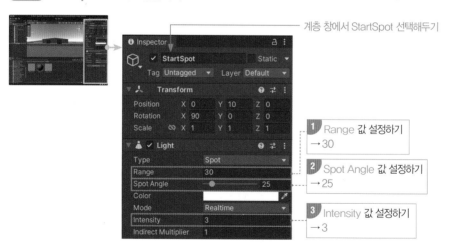

계층 창에서 StartSpot 선택해두기

1 Range 값 설정하기
→ 30

2 Spot Angle 값 설정하기
→ 25

3 Intensity 값 설정하기
→ 3

이제 시작 지점에 스포트라이트가 추가되었습니다. 게임 뷰에서 확인해봅시다. Range는 빛이
닿는 거리, Spot Angle은 빛이 닿는 범위, Intensity는 빛의 세기를 설정하는 값입니다.

▶ 시작 지점에 스포트라이트가 추가되었다!

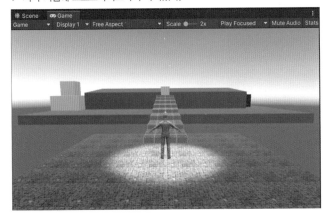

6.8.3 목표 지점에 Spotlight 추가하기

목표 지점에도 스포트라이트를 추가합시다. 이번에는 빛의 색도 변경해봅니다.

1단계 Spotlight 추가하기

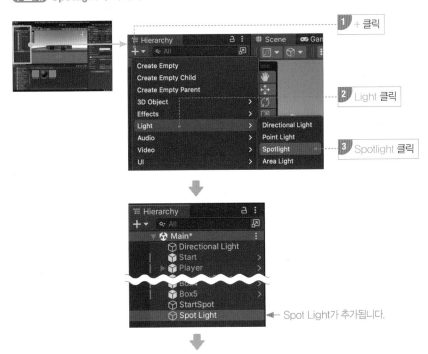

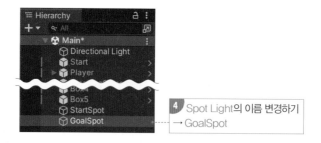

4 Spot Light의 이름 변경하기
→ GoalSpot

2단계 GoalSpot의 위치, 각도, 크기 설정하기

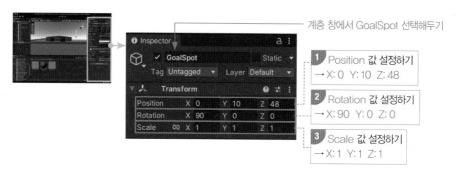

계층 창에서 GoalSpot 선택해두기

1 Position 값 설정하기
→ X: 0 Y: 10 Z: 48

2 Rotation 값 설정하기
→ X: 90 Y: 0 Z: 0

3 Scale 값 설정하기
→ X: 1 Y: 1 Z: 1

3단계 GoalSpot의 라이트 설정하기

계층 창에서 GoalSpot 선택해두기

1 Range 값 설정하기
→ 50

2 Spot Angle 값 설정하기
→ 25

3 Color 값 설정하기
→ 빨간색

Color를 클릭하면 나타나는 Color 창에서 색을 선택합니다.

4 Intensity 값 설정하기
→ 3

게임을 실행하여 목표 지점을 확인해봅시다.

▶ 목표 지점에 스포트라이트가 추가되었다!

1 플레이 버튼 클릭

게임 동작을 확인한 후에는 다시
플레이 버튼을 클릭하여 실행을
중지합니다.

6.8.4 Point Light 추가하기

Point Light는 전구처럼 특정 광원에서 주변을 비추는 빛을 표현하는 기능입니다. 방의 조명
에서 동굴의 횃불까지 폭넓게 응용할 수 있어 편리하지만, 처리가 무겁기 때문에 많이 사용하
면 작동에 부담이 된다는 부작용도 있습니다.

이번 예제에서는 **스테이지에 포인트 라이트 2개를 배치합니다.**

1단계 Point Light 추가하기

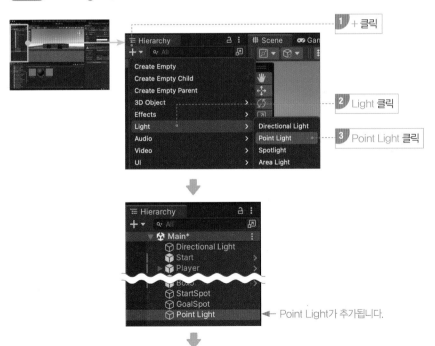

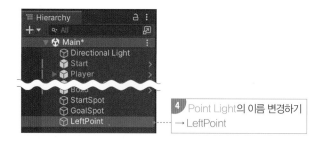

4 Point Light의 이름 변경하기
→ LeftPoint

2 단계 LeftPoint의 위치, 각도, 크기 설정하기

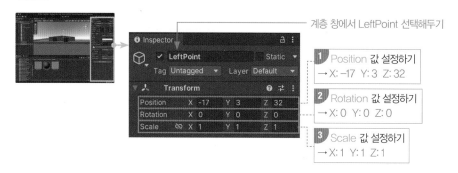

계층 창에서 LeftPoint 선택해두기

1 Position 값 설정하기
→ X: −17 Y: 3 Z: 32

2 Rotation 값 설정하기
→ X: 0 Y: 0 Z: 0

3 Scale 값 설정하기
→ X: 1 Y: 1 Z: 1

3 단계 LeftPoint의 라이트 설정하기

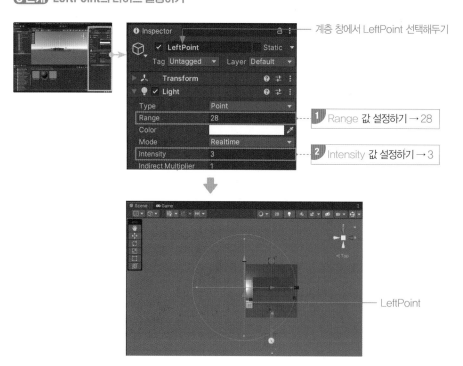

계층 창에서 LeftPoint 선택해두기

1 Range 값 설정하기 → 28

2 Intensity 값 설정하기 → 3

LeftPoint

4 단계 RightPoint 추가하기

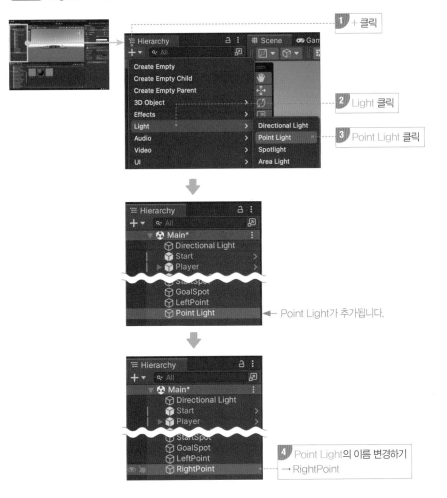

1 + 클릭

2 Light 클릭

3 Point Light 클릭

← Point Light가 추가됩니다.

4 Point Light의 이름 변경하기
→ RightPoint

5 단계 RightPoint의 위치, 각도, 크기 설정하기

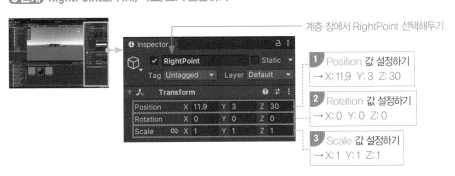

계층 창에서 RightPoint 선택해두기

1 Position 값 설정하기
→ X: 11.9 Y: 3 Z: 30

2 Rotation 값 설정하기
→ X: 0 Y: 0 Z: 0

3 Scale 값 설정하기
→ X: 1 Y: 1 Z: 1

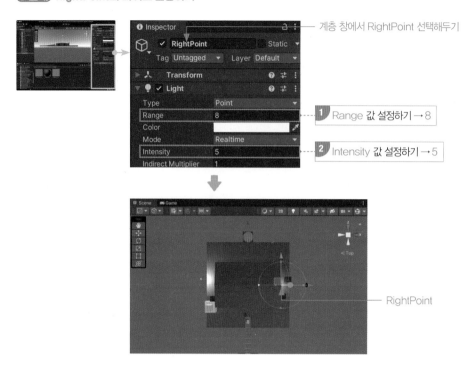

계층 창에서 RightPoint 선택해두기

1 Range 값 설정하기 → 8

2 Intensity 값 설정하기 → 5

RightPoint

스테이지가 조금 더 리얼해졌습니다. 하지만 아직 게임이라고 하기에는 부족한 점이 있습니다. 그것은 바로 게임의 규칙입니다. 이제 게임의 규칙을 만들어봅시다.

▶ 플레이어와 스테이지 완성!

1 플레이 버튼 클릭

게임 동작을 확인한 후에는 다시 플레이 버튼을 클릭하여 실행을 중지합니다.

이펙트 사용하기

Standard Assets에는 게임 연출에 활용할 수 있는 이펙터도 포함되어 있습니다. 프로젝트 창의 Assets 폴더에서 Standard Assets → ParticleSystems → Prefabs 폴더를 선택하면 다양한 이펙터 프리팹이 들어 있는 것을 볼 수 있습니다.

이펙터 프리팹을 계층 창으로 드래그 앤 드롭하면 씬에 배치할 수 있습니다. 한번 적용해보기 바랍니다.

▶ Standard Assets → ParticleSystems → Prefabs 폴더

▶ 이펙터를 사용해보자!

6.9 플레이어 추락 처리하기

이제부터 게임의 규칙을 만들어갑니다. 지금까지 만들었던 게임은 장애물을 피해 이동할 수는 있지만 끝도 없고 목적도 없었습니다. 이제 몇 가지 규칙을 세워봅시다.

장애물 달리기 게임을 만들 것이므로 **목표 지점과 시간 요소**가 필요합니다. 또한 얼마나 빠르게 목표 지점에 도달하느냐가 관건이기 때문에 **최고 기록 요소**도 추가합니다. 여기에 스테이지에서 **추락하면 처음부터 다시 시작**하도록 합니다. 이러한 처리를 하나씩 만들어봅시다.

먼저 플레이어가 스테이지에서 추락했을 때의 처리부터 만들어봅니다.

6.9.1 스테이지에서 떨어지면 처음 위치로 돌아가기

현재 상태에서는 플레이어가 스테이지를 벗어나면 한없이 떨어져서 더 이상 게임을 진행할 수 없게 됩니다. 일단 게임 실행을 중지하고 다시 시작하는 방법밖에 없습니다. 이 상태로는 매우 불친절한 게임이 되어버리므로 플레이어가 떨어지면 시작 위치로 되돌리도록 합시다.

스테이지의 바닥보다 아래쪽 위치에 **낙하 판정 영역**을 배치하여 이 영역에 플레이어가 닿으면 게임을 다시 시작합니다.

▶ 낙하 판정 처리

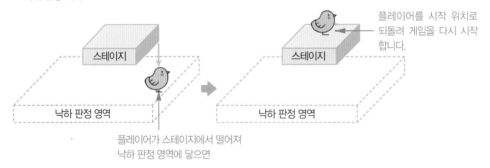

플레이어가 스테이지에서 떨어져 낙하 판정 영역에 닿으면

플레이어를 시작 위치로 되돌려 게임을 다시 시작합니다.

6.9.2 낙하 판정 영역 만들기

특정 공간에 들어가는(혹은 닿는) 처리는 유니티에 기본으로 포함된 도형인 Cube를 사용하여 쉽게 만들 수 있습니다.

이번 예제에서는 스테이지 아래에 낙하 판정 영역을 만들고 이 영역에 플레이어가 들어오면 추락으로
판단하는 처리를 만듭니다. 먼저 판정 영역을 만들어봅시다.

1단계 OutArea 만들기

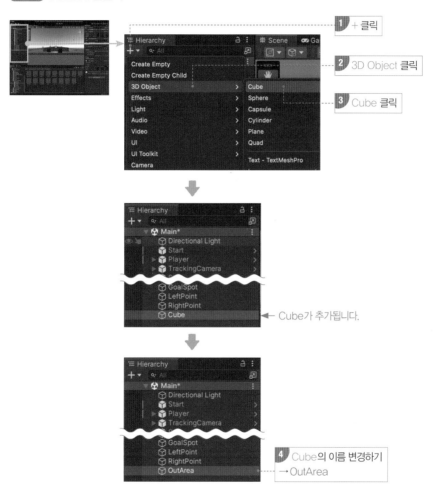

2단계 OutArea의 위치, 각도, 크기 설정하기

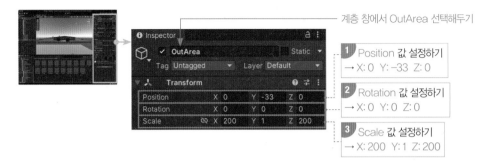

계층 창에서 OutArea 선택해두기

1 Position 값 설정하기
→ X: 0 Y: −33 Z: 0

2 Rotation 값 설정하기
→ X: 0 Y: 0 Z: 0

3 Scale 값 설정하기
→ X: 200 Y: 1 Z: 200

OutArea는 스테이지 바닥보다 아래에 위치하도록 설정합니다. 또한 어디서 떨어지든지 판정할 수 있도록 충분히 크게 만듭니다.

▶ 낙하 판정 영역이 배치되었다!

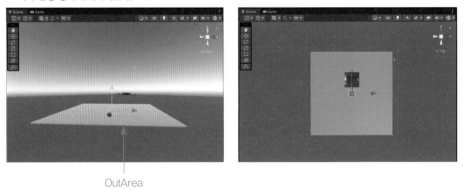

OutArea

6.9.3 OutArea를 화면에서 보이지 않게 하기

낙하 판정 영역은 다른 **오브젝트(예를 들면 스테이지, 장애물 등)처럼 화면에 표시될 필요가 없습니다.** 따라서 화면에 그려지지 않게 합니다.

게임 화면에 표시되는 오브젝트는 기본적으로 Mesh Renderer라는 컴포넌트가 설정되어 있습니다. 오브젝트를 화면에 표시되지 않게 하려면 Mesh Renderer 컴포넌트를 제거합니다.

1단계 Mesh Renderer 제거하기

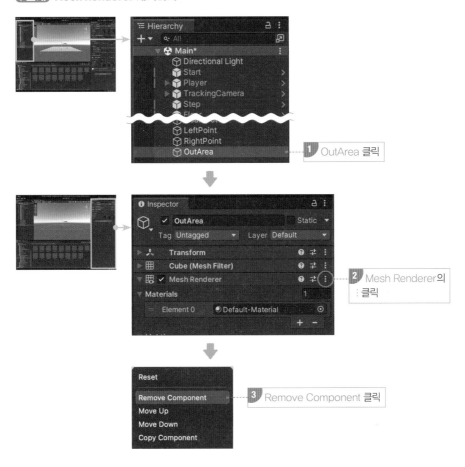

1 OutArea 클릭

2 Mesh Renderer의
: 클릭

3 Remove Component 클릭

▶ OutArea가 화면에 보이지 않게 되었다!

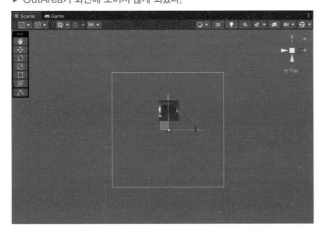

> **컴포넌트 비활성화하기**
>
> 이번 예제에서는 Mesh Renderer 컴포넌트를 제거하여 오브젝트가 표시되지 않게 했습니다. 하지만 표시되지 않게 만든 오브젝트를 다시 표시해야 하는 상황이 발생할 수도 있습니다. 그러므로 컴포넌트를 제거하지 말고 비활성화시키는 것이 좋습니다.
>
> 인스펙터 창의 각 컴포넌트 이름 왼쪽에는 체크 박스가 있습니다. 이 체크 박스가 체크되어 있으면 해당 컴포넌트가 활성화된 상태입니다. 이 체크 박스의 체크를 해제하면 컴포넌트가 비활성화됩니다.
>
> ▶ 컴포넌트 비활성화하기
>
>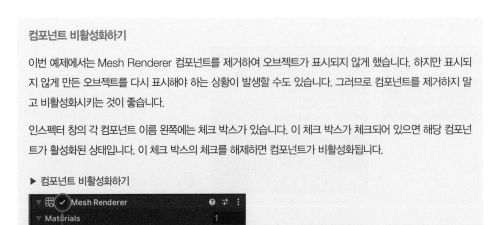

6.9.4 OutArea를 영역화하기

OutArea에 플레이어가 닿으면 **플레이어를 시작 지점으로 되돌리고 게임을 재시작하는 기능**을 만들어봅시다. 이러한 기능을 구현하려면 스크립트에서 충돌 판정 처리를 작성해야 합니다.

일반적으로 오브젝트끼리 접촉했는지 판단할 때는 유니티가 오브젝트에 설정된 콜라이더라는 컴포넌트를 감시하여 자동으로 처리합니다. 플레이어가 바닥 위에 서 있을 수 있는 것도 이러한 기능이 정상적으로 동작하기 때문입니다. 이번에 만들 판정 영역처럼 자동으로 충돌 판정을 하지 않고 영역에 진입 여부만 판단하고 싶을 때는 콜라이더 컴포넌트의 Is Trigger를 체크합니다. 이렇게 하면 **자동으로 처리되던 충돌 판정은 기능하지 않고 충돌 판정 영역에 오브젝트가 접촉했을 때의 처리를 스크립트로 직접 작성**할 수 있습니다.

OutArea의 Box Collider 컴포넌트의 Is Trigger를 체크하지 않고 게임을 실행해서 확인해보면 유니티가 자동으로 실행하는 충돌 판정이 동작하기 때문에 플레이어는 판정 영역 위에 서 있을 수 있습니다. 반대로 Is Trigger를 체크하면 OutArea는 충돌을 판정하는 공간으로 바뀌어 플레이어는 한없이 떨어집니다. 하지만 플레이어가 OutArea의 영역에 닿으면 그 순간을 스크립트로 판단하고 특정 동작을 처리할 수 있습니다.

▶ 영역 충돌 판정

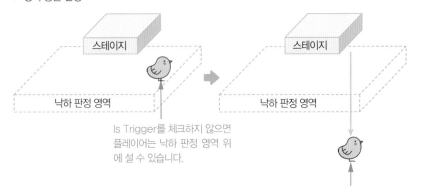

Is Trigger를 체크하지 않으면 플레이어는 낙하 판정 영역 위에 설 수 있습니다.

Is Trigger를 체크하면 플레이어는 낙하 판정 영역을 통과해서 떨어집니다.

1단계 OutArea를 영역화하기

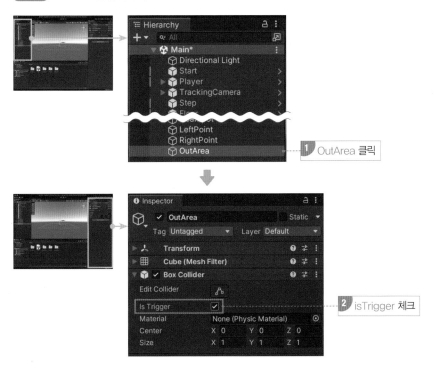

6.9.5 낙하 판정 처리하기

낙하 판정 영역을 만들었습니다. 이제 낙하 판정 영역에 플레이어가 닿으면 게임을 재시작하는 스크립트를 만들어봅시다. 스크립트는 Assets 폴더에 저장합니다.

1 단계 스크립트 추가하기

2 단계 스크립트의 이름 변경하기

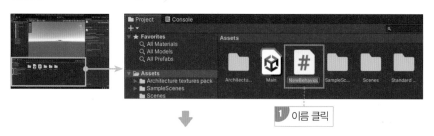

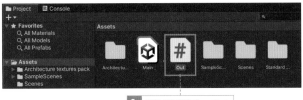

2 이름 변경하기 → Out

3 단계 스크립트 작성하기

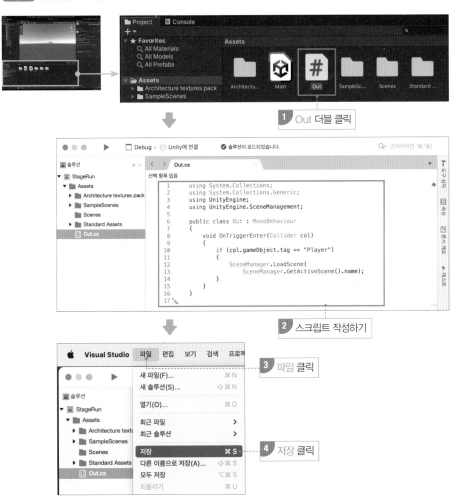

1 Out 더블 클릭

```
1   using System.Collections;
2   using System.Collections.Generic;
3   using UnityEngine;
4   using UnityEngine.SceneManagement;
5
6   public class Out : MonoBehaviour
7   {
8       void OnTriggerEnter(Collider col)
9       {
10          if (col.gameObject.tag == "Player")
11          {
12              SceneManager.LoadScene(
13                  SceneManager.GetActiveScene().name);
14          }
15      }
16  }
17
```

2 스크립트 작성하기

3 파일 클릭

4 저장 클릭

```
1  using System.Collections;
2  using System.Collections.Generic;
3  using UnityEngine;
4  using UnityEngine.SceneManagement;          ●①
5
6  public class Out : MonoBehaviour
7  {
8      void OnTriggerEnter(Collider col)
9      {
10         if (col.gameObject.tag == "Player")   ●②
11         {
12             SceneManager.LoadScene(
13                 SceneManager.GetActiveScene().name);   ●③
14         }
15     }
16 }
```
Unity2022Sample/Script/Chapter6/Text/Out.txt

|코드 설명| 낙하 판정 처리

낙하 판정에 필요한 기능은 '낙하 판정 영역에 들어온 오브젝트가 플레이어인지 확인하기'와 '게임 재시작하기'의 2가지입니다. 이 정도 기능은 간단한 스크립트로 구현할 수 있습니다.

① 라이브러리 선언

유니티에서 게임을 재시작하거나 씬과 관련된 동작을 처리할 때는 UnityEngine.Scene Management라는 라이브러리를 사용합니다. 이를 사용하기 위해 using으로 선언했습니다.

```
4  using UnityEngine.SceneManagement;
```

② 충돌 판정 처리

OnTriggerEnter는 판정 영역에 무엇인가 들어왔을 때 자동으로 실행됩니다. 콜라이더의 Is Trigger를 체크한 오브젝트에 다른 오브젝트가 접촉한 순간 실행됩니다. 여기서는 Player 태그가 설정된 오브젝트가 접촉했을 때만 기능을 처리하고 있습니다(태그는 6.3.5절을 참고하세요).

```
8        void OnTriggerEnter(Collider col)
9        {
10           if (col.gameObject.tag == "Player")
11           {
```

❸ 리셋 처리

SceneManager.GetActiveScene( ).name은 현재 씬의 이름을 의미합니다. 이것을 씬을 이동할 명령인 SceneManager.LoadScene( )에 지정하면 현재의 씬을 다시 읽어서 게임을 재시작할 수 있습니다. SceneManager.LoadScene( )에 특정 씬의 이름을 지정하면 해당 씬으로 이동합니다.

```
12           SceneManager.LoadScene(
13               SceneManager.GetActiveScene().name);
```

6.9.6 스크립트를 낙하 판정 영역에 어태치하기

프로젝트 창의 Out 스크립트를 계층 창의 OutArea로 드래그 앤 드롭합니다.

1단계 스크립트를 판정 영역에 어태치하기

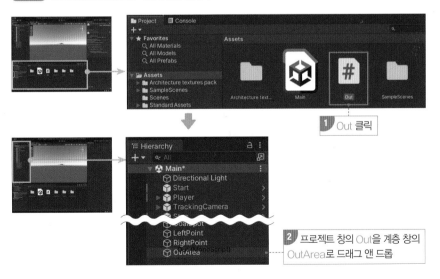

이제 낙하 판정 처리가 완료되었습니다. 게임을 실행하여 확인해봅시다.

▶ 낙하 판정 처리가 완성되었다!

1 플레이 버튼 클릭

게임 동작을 확인한 후에는 다시
플레이 버튼을 클릭하여 실행을
중지합니다.

스크립트 추가와 어태치를 동시에 하기

지금까지는 스크립트를 '프로젝트 창에 추가 → 스크립트 작성 → 오브젝트에 어태치' 순서로 만들었습니다. 이 작업을 줄여서 처음부터 오브젝트에 스크립트를 어태치한 상태로 작성하는 방법이 있습니다.

계층 창에서 스크립트를 설정할 오브젝트를 선택하고 인스펙터 창에서 Add Component 버튼을 클릭합니다. 표시되는 드롭다운 리스트에서 New Script를 선택하면 스크립트의 이름과 종류를 정해서 추가할 수 있는 창이 나타납니다.

▶ 스크립트 추가하면서 어태치하기

6.10 스테이지의 목표 지점 만들기

장애물 경기에는 목표 지점이 필요합니다. 만드는 방법은 낙하 판정 영역과 마찬가지로 목표 도달 판정 영역을 만들고 스크립트로 기능을 작성합니다.

6.10.1 목표 도달 판정 영역 만들기

목표 지점에 도달했는지 판정하기 위한 GoalArea를 만듭니다. Cube를 사용하여 목표 지점을 감싸도록 만들고 화면에서 보이지 않게 숨깁니다.

1단계 GoalArea 추가하기

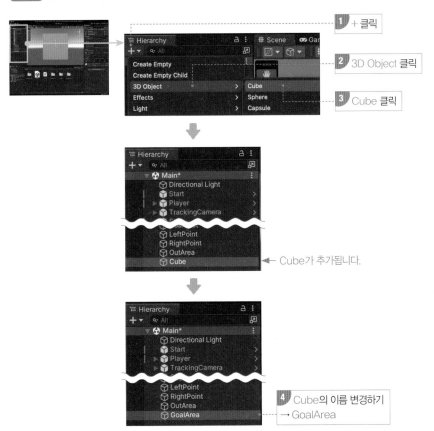

2단계 GoalArea의 위치, 각도, 크기 설정하기

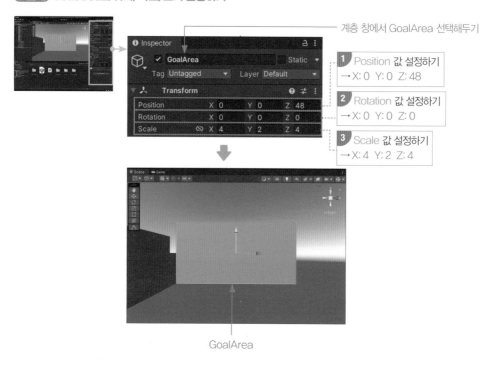

계층 창에서 GoalArea 선택해두기

1 Position 값 설정하기
→ X: 0 Y: 0 Z: 48

2 Rotation 값 설정하기
→ X: 0 Y: 0 Z: 0

3 Scale 값 설정하기
→ X: 4 Y: 2 Z: 4

GoalArea

3단계 GoalArea 숨기기

계층 창에서 GoalArea 선택해두기

1 Mesh Renderer의
: 클릭

2 Remove Component 클릭

4 단계 GoalArea 영역화하기

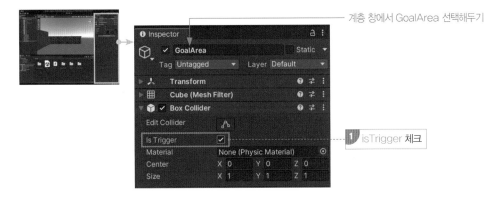

계층 창에서 GoalArea 선택해두기

1 isTrigger 체크

▶ GoalArea가 배치되었다!

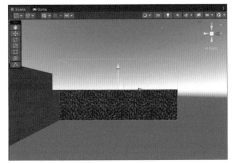
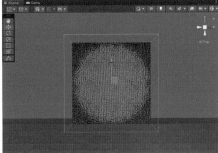

6.10.2 목표 도달 처리하기

목표 지점에 도달했을 때 처리할 내용을 만들어봅시다. 목표 지점에서는 '목표 영역과 플레이어의 충돌 판정'과 '목표 지점에 도달했는지 판정하기'의 2가지 일을 처리해야 합니다.

1 단계 스크립트 추가하기

1 + 클릭

Folder	
C# Script	▸ ····
2D	›
Visual Scripting	›

2 C# Script 클릭

NewBehaviourScript가 추가됩니다.

3 NewBehaviourScript의 이름 변경하기 → Goal

2단계 스크립트 작성하기

1 Goal 더블 클릭

```csharp
1   using System.Collections;
2   using System.Collections.Generic;
3   using UnityEngine;
4
5   public class Goal : MonoBehaviour
6   {
7       public static bool goal;
8
9       // Start is called before the first frame update
10      void Start()
11      {
12          goal = false;
13      }
14
15      void OnTriggerEnter(Collider col)
16      {
17          if (col.gameObject.tag == "Player")
18          {
19              goal = true;
20          }
21      }
22  }
```

2 스크립트 작성하기

3 파일 클릭

4 저장 클릭

---

script Goal.cs : 목표 지점에 플레이어가 닿았을 때의 처리

```csharp
1  using System.Collections;
2  using System.Collections.Generic;
3  using UnityEngine;
4
5  public class Goal : MonoBehaviour
6  {
7      public static bool goal;                                    ❶
8
9      // Start is called before the first frame update
10     void Start()
11     {
12         goal = false;                                           ❷
13     }
14
15     void OnTriggerEnter(Collider col)
16     {
17         if (col.gameObject.tag == "Player")
18         {                                                       ❸
19             goal = true;
20         }
21     }
22 }
```
Unity2022Sample/Script/Chapter6/Text/Goal.txt

|코드 설명| 목표 지점에서의 처리

이 스크립트는 다음과 같은 일을 처리하고 있습니다.

❶ 목표 도달 판정을 위한 변수 선언

먼저 목표 도달 판정을 위한 변수 goal을 선언합니다. public static으로 선언한 변수는 다른 스크립트에서 참조할 수 있게 됩니다. goal이 true면 목표 지점에 도달한 것으로 판정합니다. 이제 이 변수를 참조하면 화면에 결과를 표시하고 싶을 때 등 다른 스크립트에서 변수 goal이 true인지 확인하여 처리할 수 있습니다.

```
7       public static bool goal;
```

❷ 게임이 시작될 때의 처리

게임이 실행되고 제일 먼저 처리해야 할 일을 Start 함수 안에 작성합니다. 여기서는 변수 goal의 값을 false로 설정했습니다. 이것은 아직 목표 지점에 도달하지 않았음을 의미합니다.

```
10      void Start()
11      {
12          goal = false;
13      }
```

❸ 목표 지점에 닿았을 때의 처리

OnTriggerEnter 함수에서 스크립트가 설정된 오브젝트(GoalArea)와 Player 태그가 설정된 오브젝트(이 예제에서는 플레이어)가 접촉했을 때 변수 goal의 값을 true로 설정했습니다. 이것은 목표 지점에 도달했음을 의미합니다.

이 예제에서는 변수 goal의 값을 true로 바꾸기만 할 뿐이므로 아직 화면에는 변화가 없습니다. 플레이어가 목표 지점에 도달했을 때 처리할 내용은 뒤에서 만들겠습니다.

```
15          void OnTriggerEnter(Collider col)
16          {
17              if (col.gameObject.tag == "Player")
18              {
19                  goal = true;
20              }
21          }
```

6.10.3 스크립트를 목표 도달 판정 영역에 어태치하기

프로젝트 창의 Goal 스크립트를 계층 창의 GoalArea로 드래그 앤 드롭합니다.

1단계 스크립트를 목표 도달 영역에 어태치하기

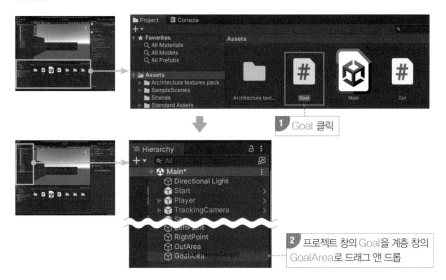

6.10.4 계층 창 정리하기

목표 지점까지 만들어보았습니다. 계층 창에 등록된 오브젝트가 많아졌기 때문에 여기서 한 번 정리해두겠습니다.

빈 오브젝트를 추가하여 Stage, Box, Light 오브젝트를 만들고 오브젝트를 부모-자식 관계로 정리합니다. 오브젝트의 부모-자식 관계는 다음 표와 같습니다.

▶ 오브젝트 정리

Stage	Start, Step, Floor, Goal, House
Box	Box1, Box2, Box3, Box4, Box5
Light	StartSpot, GoalSpot, LeftPoint, RightPoint

다음은 Stage 오브젝트를 정리하는 예시입니다. 같은 방법으로 Box, Light도 빈 오브젝트를 추가하여 부모-자식 관계로 정리하세요.

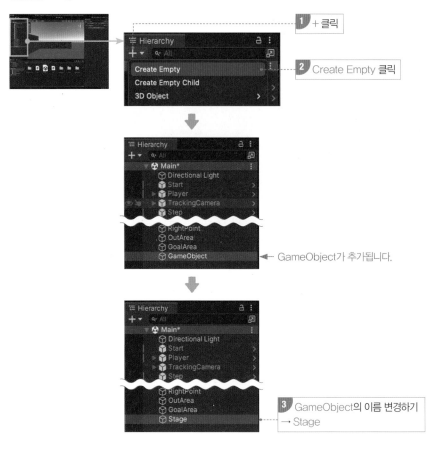

1 + 클릭

2 Create Empty 클릭

GameObject가 추가됩니다.

3 GameObject의 이름 변경하기
→ Stage

2단계 Stage의 위치 설정하기

계층 창에서 Stage 선택해두기

1 Position 값 설정하기
→ X: 0 Y: 0 Z: 0

3단계 부모-자식 관계 설정하기

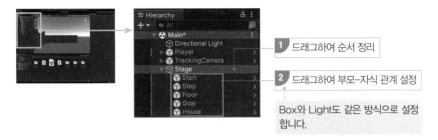

1 드래그하여 순서 정리

2 드래그하여 부모-자식 관계 설정

Box와 Light도 같은 방식으로 설정합니다.

정리된 계층 창의 상태는 다음과 같습니다.

▶ 계층 창의 상태

6.11 타이머 기능 만들기

목표 지점까지 얼마나 빠르게 도달하는지 다투는 게임이므로 **출발하고 나서부터의 경과 시간을 플레이어가 알 수 있도록** 화면에 타이머를 표시합시다. 타이머는 유니티의 UI 시스템으로 만듭니다.

6.11.1 타이머를 표시할 텍스트 추가하기

게임 화면에 타이머를 표시하기 위해 화면에 텍스트를 표시할 **Text** UI 오브젝트를 추가합니다.

1단계 TimerText 추가하기

1 + 클릭

2 UI 클릭

3 Legacy 클릭

4 Text 클릭

Text(Legacy)가 Canvas의 자식
오브젝트로 생성됩니다.

UI 오브젝트는 계층 창에서 반드시
Canvas의 자식 오브젝트가 되도
록 해야 합니다(그렇지 않으면 화
면에 그려지지 않습니다).

5 Text(Legacy)의 이름 변경하기
→ TimerText

오브젝트를 우클릭하고 Rename을
선택하면 이름을 변경할 수 있습니다.

2단계 TimerText의 위치 설정하기

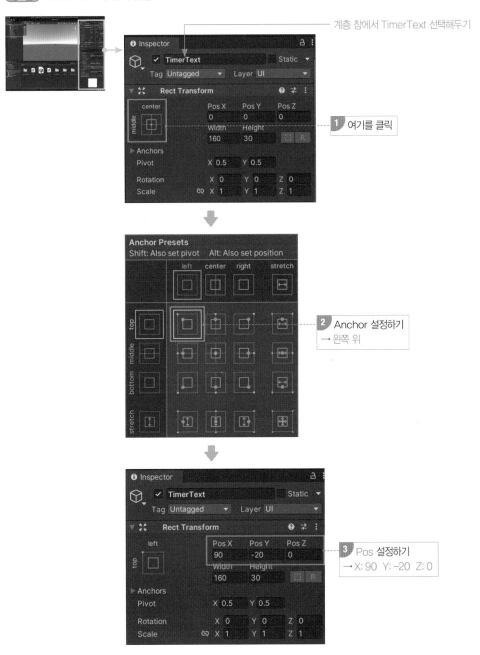

계층 창에서 TimerText 선택해두기

1 여기를 클릭

2 Anchor 설정하기
→ 왼쪽 위

3 Pos 설정하기
→ X: 90 Y: -20 Z: 0

3단계 TimerText의 텍스트 설정하기

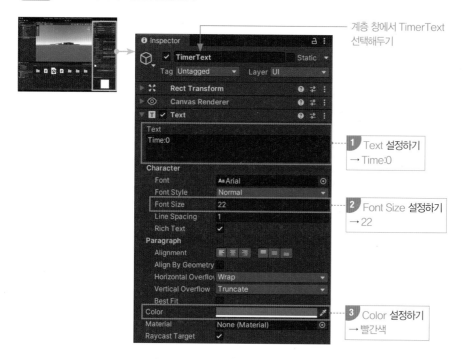

계층 창에서 TimerText 선택해두기

1 Text 설정하기
→ Time:0

2 Font Size 설정하기
→ 22

3 Color 설정하기
→ 빨간색

계층 창에서 TimerText를 더블 클릭하면 씬 뷰 중앙에 TimerText가 표시됩니다. **화면 방향을 변경하여 정면에서 확인해봅시다.** 씬 뷰가 다음 그림과 같이 보인다면 제대로 완성된 것입니다. 씬 뷰의 2D를 클릭해도 똑같이 표시됩니다.

씬 뷰에 표시된 하얀 선은 Canvas 영역을 나타냅니다(자세한 내용은 5.1.2절을 참고하세요).

▶ 타이머 텍스트가 배치되었다!

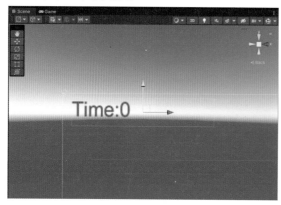

6.11.2 타이머 기능 만들기

타이머의 시간을 표시하는 스크립트 Timer를 만들어봅시다. 스크립트에서는 '시간 측정', 'TimerText의 텍스트 변경', '목표 지점에 도달하면 시간 측정 멈추기'의 3가지 기능을 처리합니다.

1단계 스크립트 추가하기

2단계 스크립트 작성하기

1 Timer 더블 클릭

```
1    using System.Collections;
2    using System.Collections.Generic;
3    using UnityEngine;
4    using UnityEngine.UI;
5
6    public class Timer : MonoBehaviour
7    {
8        public static float time;
9
10       // Start is called before the first frame update
11       void Start()
12       {
13           time = 0;
14       }
15
16       // Update is called once per frame
17       void Update()
18       {
19           if (Goal.goal == false)
20           {
21               time += Time.deltaTime;
22           }
23           int t = Mathf.FloorToInt(time);
24           Text uiText = GetComponent<Text>();
25           uiText.text = "Time:" + t;
26       }
27   }
28
```

2 스크립트 작성하기

3 파일 클릭

4 저장 클릭

```
1  using System.Collections;
2  using System.Collections.Generic;
3  using UnityEngine;
4  using UnityEngine.UI;                                          ❶
5
6  public class Timer : MonoBehaviour
7  {
8      public static float time;                                  ❷
9
10     // Start is called before the first frame update
11     void Start()
12     {
13         time = 0;                                              ❸
14     }
15
16     // Update is called once per frame
17     void Update()
18     {
19         if (Goal.goal == false)
20         {
21             time += Time.deltaTime;                            ❹
22         }
23         int t = Mathf.FloorToInt(time);                        ❺
24         Text uiText = GetComponent<Text>();                    ❻
25         uiText.text = "Time:" + t;                             ❼
26     }
27 }
```
Unity2022Sample/Script/Chapter6/Text/Timer.txt

|코드 설명| **타이머 기능의 처리**

이 스크립트는 다음과 같은 기능을 처리합니다.

❶ 라이브러리 선언

UI 시스템을 이용하기 위해 using으로 UnityEngine.UI를 사용할 것을 선언하고 있습니다.

```
4  using UnityEngine.UI;
```

❷ 경과 시간을 위한 변수 선언

time은 경과 시간을 담아두기 위한 변수입니다. public static으로 선언하여 다른 스크립트에서 참조할 수 있게 합니다.

```
8       public static float time;
```

❸ 게임이 시작될 때의 처리

게임이 시작될 때 변수 time을 0으로 초기화합니다.

```
11      void Start()
12      {
13          time = 0;
14      }
```

❹ 타이머 처리

이 예제에서는 아직 목표 지점에 도달하지 않았을 때 타이머를 처리했습니다. 목표 지점에 도달하면 타이머를 처리하지 않고 타이머가 정지됩니다. 스크립트 Goal의 변수 goal이 false일 때는 아직 목표 지점에 도달하지 않은 상태이므로 타이머를 처리합니다.

time += Time.deltaTime은 시간을 측정하는 처리입니다. 변수 time에 Time.deltaTime을 더합니다. Time.deltaTime은 이전에 처리된 시점과 이번에 처리할 시점 사이에 경과된 시간입니다(1.0f = 1초).

```
19      if (Goal.goal == false)
20      {
21          time += Time.deltaTime;
22      }
```

❺ 소수점 이하 버리기

Mathf.FloorToInt(time)으로 Float형(소수를 포함하는 값) 변수인 time의 소수점 이하를 버리고 Int형(정수형 숫자) 값으로 변환합니다.

```
23      int t = Mathf.FloorToInt(time);
```

❻ Text 컴포넌트 얻기

자기 자신(이 스크립트가 설정된 TimerText 오브젝트)에 설정된 Text 컴포넌트를 얻어서 변수 uiText에 담아둡니다.

```
24            Text uiText = GetComponent<Text>();
```

❼ 텍스트 변경하기

변수 uiText에 담아둔 Text 컴포넌트의 Text 값(text 속성값)을 변경하여 경과된 시간을 표시합니다. "Time: " + t;이라고 처리하여 텍스트 'Time: ' 뒤 변수 t에 담아둔 숫자를 연결하여 표시합니다.

```
25            uiText.text = "Time:" + t;
```

6.11.3 스크립트를 타이머의 텍스트에 어태치하기

프로젝트 창의 Timer 스크립트를 계층 창의 TimerText로 드래그 앤 드롭합니다.

1단계 스크립트를 텍스트에 어태치하기

1 Timer 클릭

2 프로젝트 창의 Timer를 계층 창의 TimerText로 드래그 앤 드롭

스크립트 적용이 완료되면 바로 실행해서 확인해봅니다. 플레이어가 목표 지점에 도달하면 타이머의 시간이 멈추는 것을 확인할 수 있습니다.

▶ 타이머가 완성되었다!

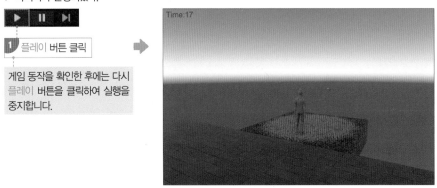

게임 동작을 확인한 후에는 다시 플레이 버튼을 클릭하여 실행을 중지합니다.

6.12 결과 화면 만들기

목표 지점에 도달하면 결과 화면을 표시해봅시다. 결과 화면에는 경과 시간, 최고 기록, 재시작 버튼을 표시합니다. 또한 최고 기록을 위해 데이터를 저장하는 기능도 사용해봅시다.

6.12.1 결과 화면의 타이틀 텍스트 만들기

결과 화면의 **타이틀 텍스트**를 만들어봅시다.

1단계 ResultTime 만들기

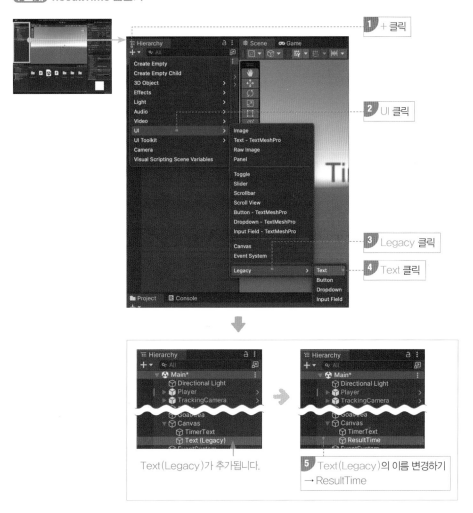

1 + 클릭

2 UI 클릭

3 Legacy 클릭

4 Text 클릭

Text(Legacy)가 추가됩니다.

5 Text(Legacy)의 이름 변경하기
→ ResultTime

2단계 ResultTime의 위치, 크기 설정하기

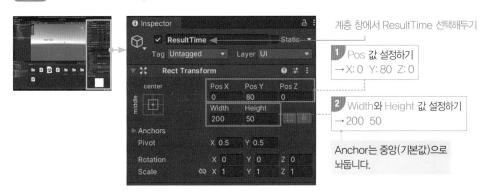

계층 창에서 ResultTime 선택해두기

1 Pos 값 설정하기
→ X: 0 Y: 80 Z: 0

2 Width와 Height 값 설정하기
→ 200 50

Anchor는 중앙(기본값)으로
놔둡니다.

3단계 ResultTime의 텍스트 설정하기

계층 창에서 ResultTime
선택해두기

1 Text 설정하기
→ Game Result

2 Font Size 설정하기
→ 32

3 Alignment 설정하기
→ 가운데 가운데

4 Color 설정하기
→ 빨간색

▶ 결과 화면 타이틀이 추가되었다!

6.12.2 목표 지점 도달 시간 텍스트 만들기

목표 지점에 도달한 시간을 표시할 텍스트를 만들어봅시다.

1단계 ResultTimeText 만들기

Text(Legacy)가 추가됩니다.

5 Text(Legacy)의 이름 변경하기
→ ResultTimeText

2단계 ResultTimeText의 위치, 크기 설정하기

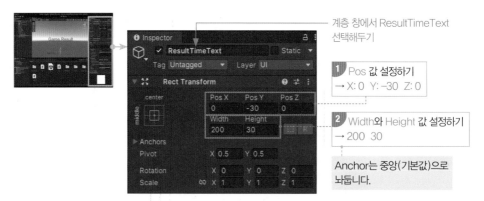

계층 창에서 ResultTimeText
선택해두기

1 Pos 값 설정하기
→ X: 0 Y: −30 Z: 0

2 Width와 Height 값 설정하기
→ 200 30

Anchor는 중앙(기본값)으로
놔둡니다.

3단계 ResultTimeText의 텍스트 설정하기

계층 창에서 ResultTimeText
선택해두기

1 Text 설정하기
→ ResultTime:0

2 Font Size 설정하기
→ 24

3 Alignment 설정하기
→ 가운데 가운데

4 Color 설정하기
→ 하늘색

▶ 목표 지점 도달 시간 텍스트가 추가되었다!

6.12.3 최고 기록 텍스트 만들기

최고 기록을 표시할 텍스트를 만듭니다. 목표 지점에 도달한 시간이 지금까지의 기록 중에서 가장 좋으면 그 시간을 최고 기록으로 표시합니다.

1단계 BestTimeText 추가하기

Text(Legacy)가 추가됩니다.

5 Text(Legacy)의 이름 변경하기
→ BestTimeText

2단계 BestTimeText의 위치, 크기 설정하기

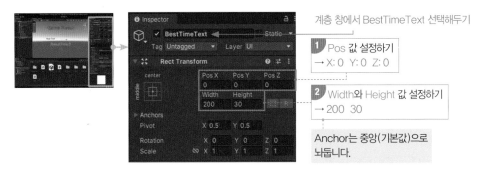

계층 창에서 BestTimeText 선택해두기

1 Pos 값 설정하기
→ X: 0 Y: 0 Z: 0

2 Width와 Height 값 설정하기
→ 200 30

Anchor는 중앙(기본값)으로
놔둡니다.

3단계 BestTimeText의 텍스트 설정하기

계층 창에서 BestTimeText
선택해두기

1 Text 설정하기
→ BestTime:0

2 Font Size 설정하기
→ 24

3 Alignment 설정하기
→ 가운데 가운데

4 Color 설정하기
→ 노란색

게임 뷰에서 표시되는 모습을 확인해봅시다. 현재 사용 중인 PC의 해상도 등에 따라 텍스트 크기나 위치가 다르게 보일 수 있습니다. 그럴 때는 적당한 위치로 조정해봅시다.

▶ 게임 뷰에서 확인하기

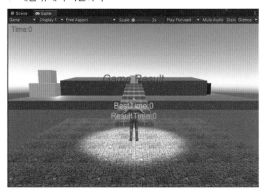

6.12.4 재시작 버튼 만들기

결과 화면이 표시된 상태에서 **게임을 재시작하기 위한 버튼**을 만들어봅시다. 버튼은 UI 오브젝트 중 Button을 이용하여 만듭니다.

1단계 RetryButton 추가하기

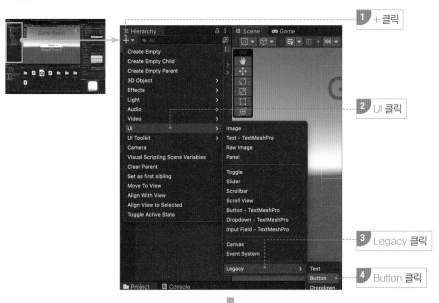

Button(Legacy)가 추가됩니다.

5 Button(Legacy)의 이름 변경하기
→ RetryButton

2단계 RetryButton의 위치, 크기 설정하기

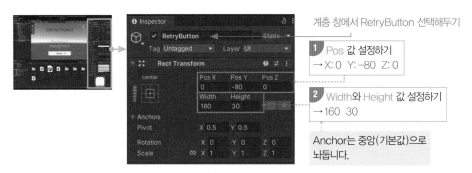

계층 창에서 RetryButton 선택해두기

1 Pos 값 설정하기
→ X: 0 Y: −80 Z: 0

2 Width와 Height 값 설정하기
→ 160 30

Anchor는 중앙(기본값)으로
놔둡니다.

3단계 RetryButton의 텍스트 설정하기

1 RetryButton의 ▶ 클릭

2 Text(Legacy) 클릭

3 Text 설정하기
→ Retry?

4 Font Size 설정하기
→ 14

5 Alignment 설정하기
→ 가운데 가운데

6 Color 설정하기
→ 검은색

재시작 버튼이 추가되었습니다. 게임 뷰에서 확인해봅시다.

▶ 재시작 버튼이 추가되었다!

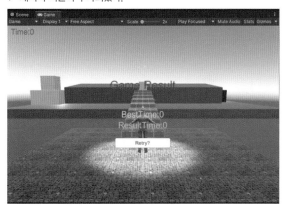

6.12.5 결과 화면 숨기기

지금까지 만든 결과 화면의 텍스트나 버튼은 게임을 실행하고 목표 지점에 도달할 때까지 화면에 표시되지 않고, 플레이어가 목표 지점에 도달했을 때 스크립트로 표시될 수 있게 합시다.

결과 화면의 UI 오브젝트들을 한꺼번에 관리할 수 있도록 빈 오브젝트를 만듭니다. 결과 화면의 각 요소를 추가한 오브젝트의 자식 요소로 함으로써 이동이나 표시 등과 같은 동작을 한꺼번에 처리할 수 있습니다(빈 오브젝트로 오브젝트를 묶는 방법은 6.10.4절을 참고하세요).

1단계 Result 추가하기

GameObject가 추가됩니다.

2단계 Result의 위치, 각도, 크기 설정하기

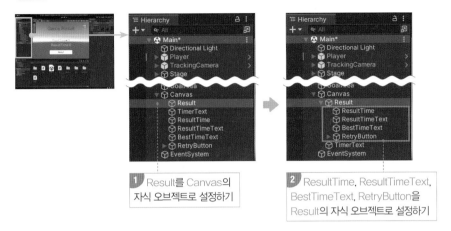

1 Result를 Canvas의
자식 오브젝트로 설정하기

2 ResultTime, ResultTimeText,
BestTimeText, RetryButton을
Result의 자식 오브젝트로 설정하기

4 단계 Result 숨기기

계층 창에서 Result 선택해두기

1 체크 해제

6.12.6 결과 표시 기능 만들기

스크립트로 결과 화면을 표시하는 기능을 만들어봅시다. 스크립트는 UI 요소의 부모인 Canvas에
어태치합니다.

1 단계 스크립트 추가하기

1 + 클릭

Folder	
C# Script	← **2** C# Script 클릭
2D	>
Visual Scripting	>

NewBehaviourScript가
추가됩니다.

3 NewBehaviourScript의 이름 변경하기
→ GameResult

2 단계 스크립트 작성하기

1 GameResult 더블 클릭

```
1    using System.Collections;
2    using System.Collections.Generic;
3    using UnityEngine;
4    using UnityEngine.UI;
5    using UnityEngine.SceneManagement;
6
7    public class GameResult : MonoBehaviour
8    {
9        private int highScore;
10       public Text resultTime;
11       public Text bestTime;
12       public GameObject resultUI;
13
14       void Start()
15       {
16           if (PlayerPrefs.HasKey("HighScore"))
17           {
18               highScore = PlayerPrefs.GetInt("HighScore");
19           }
20           else
21           {
22               highScore = 999;
23           }
24       }
25
26       void Update()
27       {
28           if (Goal.goal)
29           {
30               resultUI.SetActive(true);
31               int result = Mathf.FloorToInt(Timer.time);
32               resultTime.text = "ResultTime:" + result;
33               bestTime.text = "BestTime:" + highScore;
34
35               if (highScore > result)
36               {
37                   PlayerPrefs.SetInt("HighScore", result);
38               }
39           }
```

2 스크립트 작성하기

```
1   using System.Collections;
2   using System.Collections.Generic;
3   using UnityEngine;
4   using UnityEngine.UI;
5   using UnityEngine.SceneManagement;                    ❶
6
7   public class GameResult : MonoBehaviour
8   {
9       private int highScore;                            ❷
10      public Text resultTime;
11      public Text bestTime;                             ❸
12      public GameObject resultUI;
13
14      void Start()
15      {
16          if (PlayerPrefs.HasKey("HighScore"))
17          {
18              highScore = PlayerPrefs.GetInt("HighScore");
19          }                                             ❹
20          else
21          {
22              highScore = 999;
23          }
24      }
25
26      void Update()
27      {                                                 ❺
28          if (Goal.goal)
```

```
29          {
30              resultUI.SetActive(true);                       ⑥
31              int result = Mathf.FloorToInt(Timer.time);       ⑦
32              resultTime.text = "ResultTime:" + result;
33              bestTime.text = "BestTime:" + highScore;         ⑧
34
35              if (highScore > result)
36              {
37                  PlayerPrefs.SetInt("HighScore", result);     ⑨
38              }
39          }
40      }
41
42      public void OnRetry()
43      {
44          SceneManager.LoadScene(
45              SceneManager.GetActiveScene().name);             ⑩
46      }
47  }
```
Unity2022Sample/Script/Chapter6/Text/GameResult.txt

|코드 설명| 결과 화면 처리

이 스크립트는 다음과 같은 기능을 처리합니다.

❶ 라이브러리 선언

UI 시스템을 이용할 수 있도록 UnityEngine.UI 라이브러리를 선언합니다. 또한 씬을 불러오기 위해 씬을 다루기 위한 UnityEngine.SceneManagement 라이브러리도 이용할 수 있게 선언해둡니다.

```
4   using UnityEngine.UI;
5   using UnityEngine.SceneManagement;
```

❷ 최고 기록을 담기 위한 변수 선언

최고 기록을 담아두기 위해 highScore 변수를 선언합니다. highScore는 GameResult 스크립트에서만 사용할 것이므로 private으로 선언합니다. Private으로 선언하면 인스펙터 창에 표시되지 않고 스크립트에서만 설정 가능한 변수가 됩니다.

```
9       private int highScore;
```

❸ 결과 화면 UI 오브젝트의 변수 선언

결과 화면 UI의 각 오브젝트를 연결할 변수를 선언합니다. 각각 목표 지점 도달 시간 텍스트, 최고 기록 텍스트, 결과 화면의 오브젝트를 묶어둔 빈 오브젝트를 연결합니다. 뒤이어 인스펙터 창에서 오브젝트를 어태치합니다.

```
10        public Text resultTime;
11        public Text bestTime;
12        public GameObject resultUI;
```

❹ 최고 기록 설정

게임을 시작할 때 Start 함수에서 최고 기록을 담아두는 highScore 변수에 초깃값을 설정합니다.

PlayerPrefs는 데이터를 저장해주는 클래스입니다. PlayerPrefs.HasKey("HighScore")를 호출하면 저장된 데이터에 HighScore라는 항목이 있는지 판단합니다. 존재하면 highScore 변수에 해당 값을 설정합니다. GetInt는 Int(정수)형 값을 가져옵니다. HighScore가 존재하지 않으면 999로 초기화합니다.

```
14        void Start()
15        {
16            if (PlayerPrefs.HasKey("HighScore"))
17            {
18                highScore = PlayerPrefs.GetInt("HighScore");
19            }
20            else
21            {
22                highScore = 999;
23          }
24        }
```

❺ 목표 지점에 도달했을 때의 처리

목표 지점 도달 판정 스크립트의 goal 변수가 true면(목표 지점에 도달했으면) 처리를 실행합니다.

```
26        void Update()
27        {
28            if (Goal.goal)
```

❻ UI 오브젝트 표시하기

resultUI 변수에 담아둔 오브젝트를 활성화하여 화면에 표시되도록 합니다. SetActive는 오브젝트의 활성화/비활성화를 전환합니다. 비활성화되어 있는 오브젝트는 이러한 처리를 통해 표시됩니다.

```
30            resultUI.SetActive(true);
```

❼ 타이머값 얻기

타이머 스크립트 Timer의 time 변수의 값을 Int(정수)형으로 변환하여 담아둡니다. Mathf.FloorToInt 함수를 이용해 소수점 아래의 값은 버립니다.

```
31            int result = Mathf.FloorToInt(Timer.time);
```

❽ 목표 도달 시간과 최고 기록 설정

목표 도달 시간과 최고 기록을 나타내는 UI 오브젝트 Text 컴포넌트의 text 값에 각각 값을 설정합니다.

```
32            resultTime.text = "ResultTime:" + result;
33            bestTime.text = "BestTime:" + highScore;
```

❾ 최고 기록 갱신하기

변수 highScore(과거의 최고 기록)보다 변수 result(이번 결과)의 값이 작으면 저장 데이터의 HighScore 항목을 result 값으로 갱신합니다. SetInt는 int(정수)형으로 값을 저장합니다.

```
35            if (highScore > result)
36            {
37                PlayerPrefs.SetInt("HighScore", result);
38            }
```

⑩ 재시작 버튼 처리

재시작 버튼이 눌렸을 때 씬을 다시 불러와서 게임이 재실행되도록 합니다. 함수를 public으로 선언하면 다른 스크립트에서도 사용할 수 있습니다. 뒤이어 버튼 클릭을 처리할 때 public이 아니면 해당 기능을 사용할 수 없으므로 반드시 public으로 지정하세요.

```
42      public void OnRetry()
43      {
44          SceneManager.LoadScene(
45              SceneManager.GetActiveScene().name);
46      }
```

6.12.7 스크립트를 Canvas에 어태치하기

프로젝트 창의 GameResult 스크립트를 계층 창의 Canvas로 드래그 앤 드롭합니다.

1단계 스크립트를 Canvas에 어태치하기

6.12.8 오브젝트 어태치하기

마지막으로 GameResult의 변수에 UI 오브젝트를 어태치합니다. 변수는 스크립트의 속성값
으로 나타나므로 인스펙터 창에서 설정할 수 있습니다.

1단계 UI 오브젝트 어태치하기

2 계층 창의 ResultTimeText를
Result Time으로 드래그 앤 드롭

3 계층 창의 BestTimeText를
Best Time으로 드래그 앤 드롭

4 계층 창의 Result를
Result UI로 드래그 앤 드롭

6.12.9 버튼 이벤트 설정하기

UI 오브젝트의 Button은 버튼이 클릭되면 어떤 처리를 할 것인지 설정할 수 있습니다(버튼
클릭은 5.3절을 참고하세요).

버튼을 클릭하면 스크립트 GameResult에 작성해놓은 OnRetry 함수가 실행되도록 합시다.

1 RetryButton 클릭

2 + 버튼 클릭

3 계층 창의 Canvas를 드래그 앤 드롭

2 단계 실행할 함수 선택하기

계층 창에서 RetryButton 선택해두기

1 No Function 클릭

GameResult는 Canvas에 어태치되어 있는 스크립트의 이름입니다.

2 GameResult 클릭

OnRetry는 GameResult 스크립트에 작성한 함수의 이름입니다.

3 OnRetry( ) 클릭

On Click 이벤트에 실행할 함수가 설정됩니다.

이것으로 결과 화면이 완성되었습니다. 게임을 실행하고 목표 지점에 도달하면 결과 화면이 표시됩니다. 재시작 버튼을 눌렀을 때 게임이 다시 시작하는지도 확인해보세요.

▶ 결과 화면이 표시된다!

1 플레이 버튼 클릭

게임 동작을 확인한 후에는 다시 플레이 버튼을 클릭하여 실행을 중지합니다.

캐릭터의 점프력

이번 예제에서 사용하는 캐릭터에는 키 입력에 따라 이동하는 동작이 기본으로 처리되어 있습니다. 캐릭터의 이동 속도나 점프력 등은 캐릭터에 설정된 스크립트에서 관리합니다. 이러한 값들은 속성값으로 설정되어 있기 때문에 인스펙터 창에서 변경할 수 있습니다.

계층 창에서 Player를 클릭하고 인스펙터 창에서 Third Person Character(Script) 컴포넌트를 확인해보면 Jump Power 등의 속성이 있습니다. 속성값을 설정하여 캐릭터 움직임을 조정해보세요.

점프력을 변경하면 장애물을 밟고 진입 불가 지역에 올라갈 수도 있습니다. 속성값을 잘 활용하면 게임의 폭이 넓어지므로 다양하게 시도해보기 바랍니다.

최고 점수 초기화하기

유니티로 게임 데이터를 저장할 때는 PlayerPrefs를 사용하는데 이 책의 예제에서도 PlayerPrefs를 사용하여 최고 점수를 저장합니다.

PlayerPrefs에 기록된 데이터는 게임을 종료해도 사라지지 않고 남아 있습니다. 최고 점수를 초기화하려면 Edit → Clear All PlayerPrefs를 선택합니다.

6.13 사운드 적용하기

게임이 어느 정도 완성되었지만 아직 게임의 중요한 요소 중 하나인 사운드가 없습니다. 사운드를 적용해봅시다. 방법은 그리 어렵지 않습니다.

6.13.1 오디오 처리하기

오디오^Audio란 이름 그대로 소리에 관한 기능입니다. 게임의 사운드는 현실과 마찬가지로 자신의 오른쪽에서 소리가 나면 오른쪽에서 들리는 것이 자연스럽습니다. 게임에서도 소리가 발생한 위치에 따라 들리는 크기나 방향이 변하면 현장감이 커집니다.

소리를 듣는 귀의 역할을 하는 것은 Audio Listener 컴포넌트입니다. 소리의 발생원은 Audio Source 컴포넌트를 사용하여 설정합니다.

▶ 귀와 발생원의 관계

발생원에 다가가면 크게 들립니다.

소리가 들리는 범위

발생원(Audio Source)

귀(Audio Listener)

6.13.2 사운드 불러오기

BGM이나 효과음 등의 사운드 데이터는 직접 만들어서 사용할 수 있으며 에셋 스토어에도 다양한 사운드가 있습니다. 이번 예제에서 사용할 사운드도 에셋 스토어에서 다운로드합니다.

여기서 사용할 에셋은 Action RPG Music free입니다. 에셋 스토어를 이용하기 위해서는 유니티 계정이 필요합니다. 이 책에서는 이미 로그인되어 있는 상태를 전제로 진행합니다. 로그인은 6.2.1절을 참고하세요.

1단계 에셋 스토어 열기

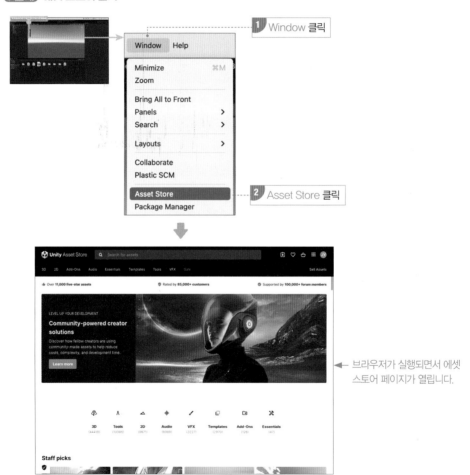

브라우저가 실행되면서 에셋
스토어 페이지가 열립니다.

2 단계 에셋 검색하기

1 키워드 입력하기 →
Action RPG Music Free

3 단계 에셋을 유니티로 불러오기

1 Action RPG Music Free 클릭

2 내 에셋에 추가하기 클릭

3 Open in Unity 클릭

이 화면 전에 Terms of Service 화면이 나올 수 있습니다.
그때는 Accept를 클릭하여 진행합니다.

4단계 Action RPG Music Free를 프로젝트에 임포트하기

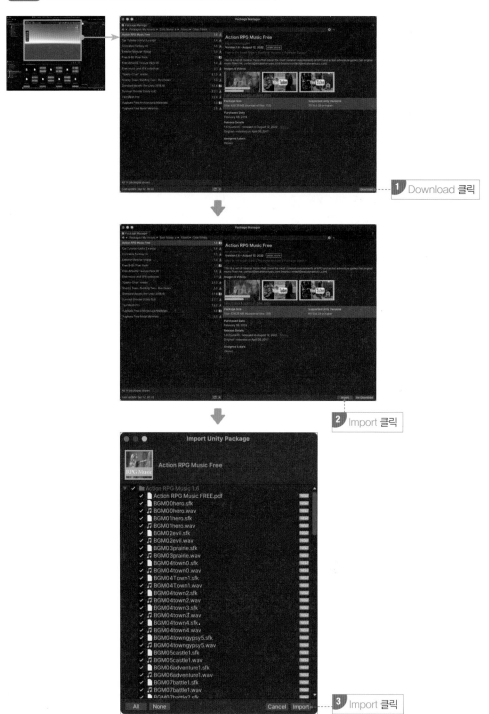

1 Download 클릭

2 Import 클릭

3 Import 클릭

불러오기가 완료되면 프로젝트 창의 Assets 폴더 아래에 Action RPG music 1.6이 추가됩니다.

▶ 사운드를 불러왔다!

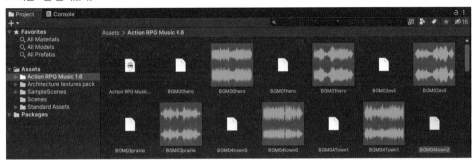

6.13.3 Audio Source 어태치하기

사운드의 발생원이 될 Audio Source 컴포넌트는 사운드를 발생시킬 오브젝트에 어태치합니다. 이번 예제에서는 스테이지의 목표 지점(Goal)에서 소리가 나도록 할 것입니다. 사용할 사운드는 OLDBGM19minigame1입니다.

1단계 Audio Source 추가하기

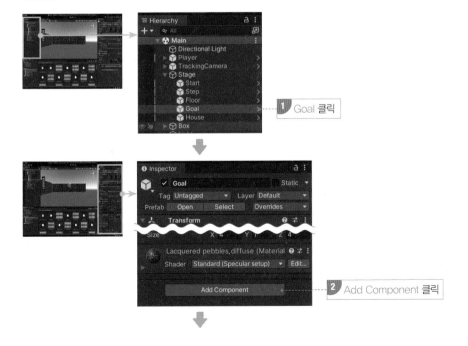

3 Audio 클릭   **4** Audio Source 클릭

2단계 Audio Source 설정하기

계층 창에서 Goal 선택해두기

1 AudioClip의 선택 버튼 클릭

프로젝트 창에서 직접 사운드 데이터를 드래그 앤 드롭하여 설정할 수도 있습니다.

2 OLDBGM19minigame1 클릭

3단계 반복 재생하도록 설정하기

계층 창에서 Goal
선택해두기

1️⃣ Loop 체크

4단계 3D 사운드로 설정하기

계층 창에서 Goal
선택해두기

1️⃣ Spatial Blend 값 설정하기
→ 1

Spatial Blend를 설정하지 않으면 음량이 항상 일정하게 유지됩니다. 이는 기본값이 거리를
고려하지 않는 2D 설정으로 되어 있기 때문입니다. Spatial Blend를 설정하면 3D 설정으로
바뀌어 거리에 따라 음량이 달라집니다.

Audio Listener 설정

지금 상태로 게임을 실행하면 목표 지점에 다가갈수록 음량이 커지는 것을 확인할 수 있습니다. 하지만 아직 소
리를 듣는 Audio Listener를 설정하지도 않았는데 소리가 나는 것은 조금 이상합니다. 그런데도 거리에 따라
소리의 크기가 변하고 있습니다.

사실 플레이어를 추적하는 카메라에는 처음부터 Audio Listener가 설정되어 있습니다. Audio Listener는 소리를 담는 마이크와 같은 역할을 합니다. 씬 전체의 소리를 얻기 위해 카메라에 설정하는 경우가 많기 때문에 기본으로 설정되는 Main Camera에도 Audio Listener가 설정되어 있습니다.

카메라에 설정된 Audio Listener를 무효화하고 플레이어에 Audio Listener를 추가하면 플레이어의 위치에 맞춰 소리가 변하게 할 수도 있습니다.

나만의 오리지널 스테이지 만들기

6장에서는 에셋을 이용하여 스테이지를 만들어보았습니다. 하지만 에셋은 이미 형태가 정해져 있어 자유롭게 스테이지를 만들기 어렵습니다.

유니티 2022는 ProBuilder를 이용하면 계단이나 터널 등 단순한 형태를 쉽게 만들 수 있습니다. ProBuilder는 많은 기능을 갖고 있어 간이 모델링 도구로 사용할 수도 있습니다. 하지만 이 책에서 다루는 범위를 넘어서므로 자세한 내용은 설명하지 않겠습니다. 여기서는 조금 더 발전된 게임 제작 방법을 위한 팁으로 설치 방법과 간단한 소개만 게재합니다.

- **공식 ProBuilder**
  URL https://unity.com/kr/features/probuilder

ProBuilder는 유니티 에디터에 처음부터 포함되어 있지 않으므로 먼저 설치부터 시작해봅시다.

Windows → Package Manager를 선택하면 나타나는 창에서 Unity Registry 필터를 적용하고 ProBuilder를 클릭하여 선택한 다음 오른쪽 아래의 Install을 클릭합니다.

▶ ProBuilder 설치

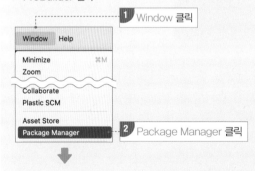

3 Unity Registry 클릭

4 Probuilder 클릭

5 Install 클릭

프로빌더가 설치되었으므로 바로 확인해봅시다. 메뉴에서 Tools → ProBuilder → ProBuilder Window를 선택합니다. 뭔가를 만들어볼 것이므로 New Shape를 선택합시다.

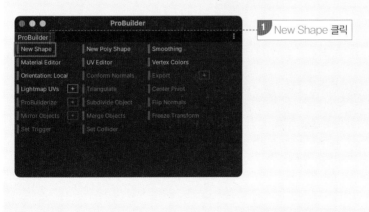

1 New Shape 클릭

씬 창에 Shape Tool 창이 표시되고 마우스 커서 위치에 노란 네모 형태의 아이콘이 표시됩니다.

▶ Shape Tool 창

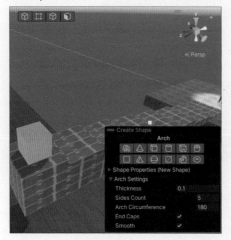

Create Shape에 나열된 아이콘을 클릭하여 만들 모양을 선택하고 씬 창에서 노란 사각형을 드래그 앤 드롭하여 원하는 모양을 생성할 수 있습니다.

▶ 형태 선택하기

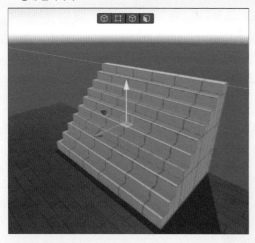

처음 형태를 만들고 나면 거기서부터 원하는 대로 모양을 만들 수 있습니다. 이후의 내용은 유니티 공식 페이지의 내용을 참고하기 바랍니다.

이것으로 게임이 완성되었습니다. 사운드가 포함되어 게임의 분위기가 한층 나아졌습니다. 바닥의 길, 장애물 위치를 변경하거나 플레이어의 점프력을 조절하면 다양한 스테이지를 만들 수 있습니다. 여러 가지 패턴을 실험해보기 바랍니다.

6장에서는 3D 게임을 만들어보았습니다. 다음 장에서는 만들어진 게임을 스마트폰으로 실행해보겠습니다.

▶ 완성!

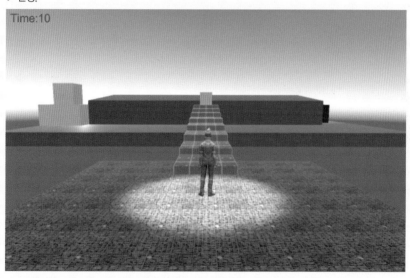

CHAPTER 7

스마트폰에서 실행하기

| 7장에서 만들 예제 |

7장에서는 앞 장에서 만든 3D 게임을 스마트폰에서 실행할 수 있도록 변경합니다. 유니티로는 아이폰이나 안드로이드용 게임을 손쉽게 만들 수 있습니다. 만든 게임을 스마트폰에서 실행해봅시다.

7장에서는 다음 내용을 배웁니다.

- 스마트폰용 프로젝트를 만드는 방법
- 스마트폰에서의 입력 처리 방법
- 실행 시 기기의 부담을 줄이는 방법
- 아이폰에서 실행하는 방법
- 안드로이드폰에서 실행하는 방법

▶ 7장에서 만들 예제의 완성 이미지

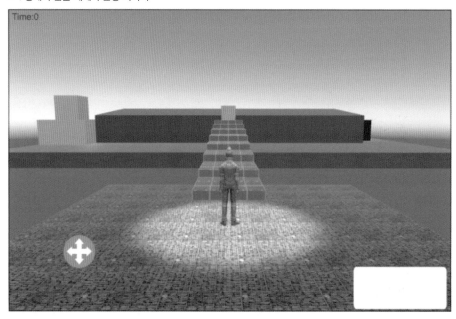

예제 프로젝트 → StageRunMobile
URL https://www.hanbit.co.kr/src/11078

7.1 스마트폰용 프로젝트 만들기

6장에서 만든 게임을 스마트폰용으로 변경합시다. 먼저 스마트폰용 프로젝트를 만듭니다.

7.1.1 프로젝트 익스포트하기

앞서 만든 게임을 **익스포트**하여 새로운 **프로젝트**에서 임포트합니다. 환경에 따라 익스포트가 완료
될 때까지 시간이 걸릴 수 있습니다.

1단계 프로젝트 불러오기

1 프로젝트 클릭

2 유니티 버전 선택

설치된 버전을 선택합니다.
에디터 버전을 변경하시겠습
니까? 라는 메시지가 나오면
버전 변경을 클릭하고 다음
으로 진행합니다.

3 StageRun 클릭

프로젝트 목록에 나타나지
않으면 상단의 열기 버튼을
클릭하여 목록에 추가합니다.

2단계 프로젝트 익스포트하기

1 Assets 클릭

2 Export Package 클릭

3 Export 클릭

4 패키지명 입력하기
→ StageRun

5 저장 경로 지정하기
(임의의 폴더)

6 Save 클릭

7.1.2 프로젝트 임포트하기

프로젝트를 만들고 익스포트한 패키지를 불러옵니다. 불러올 때 시간이 조금 걸릴 수 있습니다.

1단계 프로젝트 만들기

1 File 클릭

2 New Project 클릭

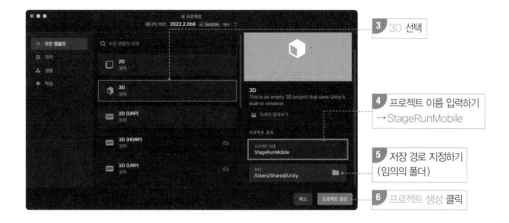

3 3D 선택

4 프로젝트 이름 입력하기
→ StageRunMobile

5 저장 경로 지정하기
(임의의 폴더)

6 프로젝트 생성 클릭

2 단계 프로젝트 임포트하기

1 Assets 클릭

2 Import Package 클릭

3 Custom Package 클릭

4 StageRun.unitypackage 클릭

5 Open 클릭

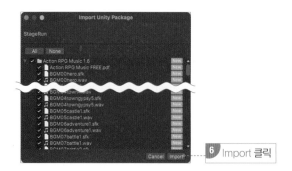

6 Import 클릭

3 단계 Main 씬 열기

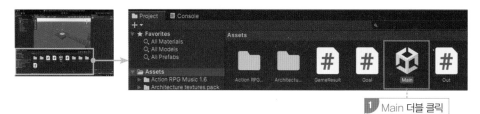

1 Main 더블 클릭

▶ 프로젝트와 씬이 준비되었다!

7.1.3 스마트폰용으로 설정 변경하기

스마트폰에서 실행되도록 플랫폼을 변경합니다. 화면 비율도 스마트폰에 맞게 변경합시다.

유니티에서는 플랫폼을 아이폰이나 안드로이드폰, 콘솔 게임기기 등으로 선택할 수 있습니다.

먼저 아이폰용으로 설정해봅시다. 설정은 Build Settings에서 합니다. 설정이 완료되면 Build Settings 설정 창을 닫아둡니다.

아이폰이나 안드로이드폰에서 실행될 파일로 빌드하려면 iOS 빌드와 Android 빌드에 필요한 패키지 데이터를 유니티에 별도로 추가해야 합니다(일반적으로는 설치될 때 기본으로 추가됩니다. 자세한 사항은 28쪽을 참고하세요). 유니티를 설치할 때 iOS Build Support 또는 Android Build Support, Android SDK & NDK Tool을 선택하지 않았다면 각각의 플랫폼 (iOS 또는 Android)을 클릭했을 때 표시되는 Open Download Page 버튼을 클릭하여 플랫폼 지원 데이터를 다운로드하세요. 다운로드한 파일을 실행하면 패키지 데이터를 설치할 수 있습니다.

1단계 플랫폼 변경하기

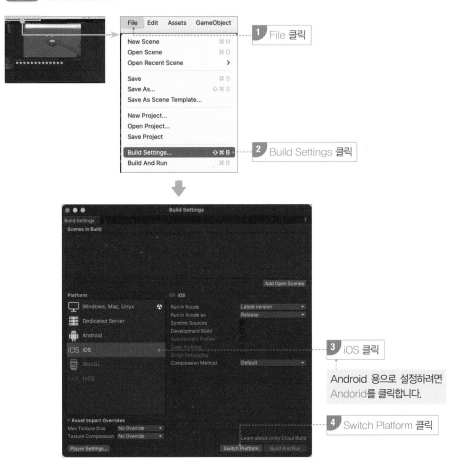

2단계 화면 비율 지정하기

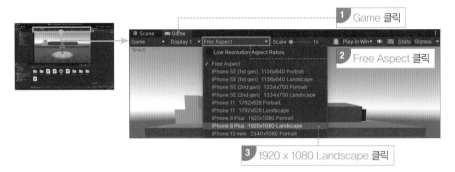

아이폰을 위한 설정이 완료되었습니다. 안드로이드폰용으로 설정하려면 Build Settings에서 Android를 선택하고 사용할 기기에 맞는 화면 비율을 지정합니다.

지금 상태에서는 플랫폼이 스마트폰으로 변경되어 있어 게임을 실행해도 **키보드 입력이 처리되지 않습니다.**

7.2 스마트폰 입력 처리하기

스마트폰에는 키보드가 없습니다. 따라서 지금까지 키보드 입력으로 처리했던 동작을 다른 방법으로 처리해야 합니다. 이번 예제와 같은 액션 게임에서는 일반적으로 게임 화면에 가상의 컨트롤러를 배치하여 플레이어를 조작합니다.

7.2.1 조이스틱 설정하기

게임 화면에 조이스틱이라고 하는 가상의 컨트롤러를 배치하여 플레이어를 조작할 수 있도록 합시다. Standard Assets에는 CrossPlatformInput이라는 다양한 환경에서 플레이할 수 있는 입력 기능 에셋이 있습니다. 이를 활용하여 조이스틱을 만들어봅시다.

CrossPlatformInput의 기능은 프로젝트 창 Assets 폴더의 Standard Assets → CrossPlatformInput → Prefabs 폴더에 들어 있습니다. 이번에 사용할 기능은 가상 조이스틱과 버튼이 포함된 MobileSingleStickControl입니다.

1단계 MobileSingleStickControl 추가하기

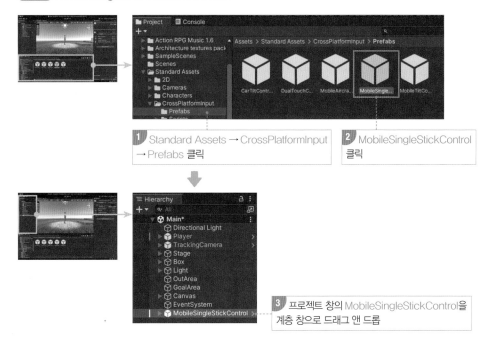

1 Standard Assets → CrossPlatformInput → Prefabs 클릭

2 MobileSingleStickControl 클릭

3 프로젝트 창의 MobileSingleStickControl을 계층 창으로 드래그 앤 드롭

CrossPlatformInput의 기능은 iOS나 안드로이드 등 모바일 기기에서 정상적으로 동작합니다. 유니티는 PC Standalone이라고 하는 PC 플랫폼이 기본 설정입니다. 이 경우에는 모바일용으로 만들어진 컨트롤이 표시되지 않습니다.

게임 뷰에서 컨트롤을 확인해봅니다. 게임 뷰에 표시되는 크기를 조절해 화면 전체가 나오도록 조정하는 것이 좋습니다.

▶ 조이스틱과 버튼이 표시된다!

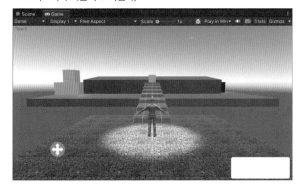

7.2.2 처리 부담 줄이기

완성된 게임이 부드럽게 실행되도록 하려면 PC나 스마트폰에 상관없이 처리 부담을 가능한 한 줄이는 것이 중요합니다. 특히 스마트폰은 PC와 비교했을 때 하드웨어의 성능이 제한적이기 때문에 경량화는 스마트폰 게임 개발에서 중요한 요소입니다.

Occlusion Culling

유니티는 카메라의 범위 안에 있는 오브젝트만 화면에 그립니다.

▶ 유니티의 화면 그리기

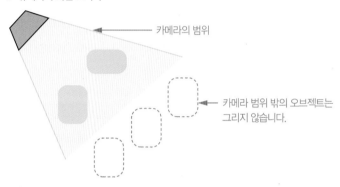

그렇다면 다음 그림의 경우에는 어떻게 될까요? 카메라 범위 안에는 들어 있지만 카메라 바로 앞에 벽이 있어서 그 뒤의 오브젝트는 보이지 않습니다. 사실 이러한 경우에도 카메라에 보이지 않는 숨어 있는 오브젝트를 그리는 처리가 이루어지고 있습니다. 이때 **카메라에 비치지 않는 (즉, 게임 뷰에 표시되지 않는) 오브젝트를 그리지 않도록** 처리하는 것이 Occlusion Culling입니다.

▶ 카메라의 범위 안에 있어도 보이지 않는 오브젝트

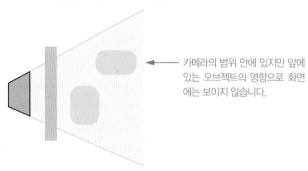

Occlusion Culling을 사용하기 위한 준비

개발 중인 게임에 Occlusion Culling을 적용해봅시다. 이는 스테이지를 구성하는 오브젝트를 묶어두었던 Stage에 설정합니다(오브젝트를 묶는 방법은 6.10.4절을 참고하세요).

Occlusion Culling을 사용하려면 대상이 되는 오브젝트를 Static으로 설정해야 합니다. 스테이지를 묶어두었던 빈 오브젝트인 Stage를 선택하고 인스펙터 창에서 Static을 체크합니다. 이렇게 하면 해당 오브젝트의 설정값들이 게임 실행 중에 변경되지 않음을 유니티에 알려줍니다.

▶ 오브젝트를 Static으로 하기

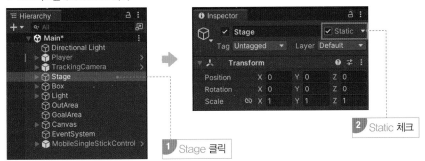

부모 오브젝트에서 Static을 체크하면 자식 오브젝트에도 설정을 적용할지 물어봅니다. Yes, change children을 클릭합니다.

▶ 자식 오브젝트들도 모두 Static으로 변경

Occlusion Culling 설정하기

이제 Occlusion Culling을 설정해봅시다. Window → Rendering → Occlusion Culling 메뉴를 선택합니다. Occlusion 창이 표시되면 Visualization → Bake를 클릭합니다.

계층 창에서 카메라를 선택하여 씬 뷰를 확인해봅시다. 안쪽에 위치한 Goal 오브젝트가 카메라에 비치지 않아 사라진 것을 확인할 수 있습니다.

▶ Occlusion Culling 활성화하기

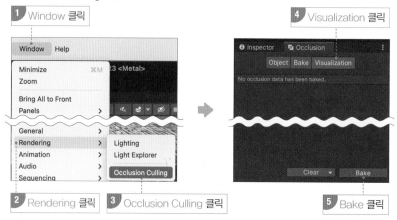

▶ 카메라 범위 밖의 오브젝트가 화면에서 사라졌다(Goal이 사라졌다).

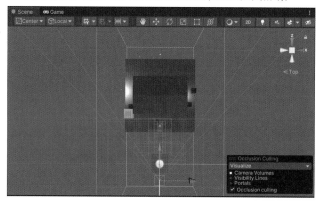

7.3 스마트폰에서 실행하기

프로젝트를 빌드하여 아이폰에서 실행해봅시다. 유니티 2022는 아이폰이나 안드로이드폰에서 완성된 게임을 실행할 수 있습니다. 갖고 있는 스마트폰을 작업 중인 PC와 케이블로 연결하여 실행해봅시다.

7.3.1 아이폰에서 실행하기

프로젝트를 빌드하여 아이폰에서 실행합시다.

Xcode 설치하기

만들어진 게임을 아이폰에서 실행하려면 macOS와 Xcode가 필요합니다. 다음 주소에서 Xcode를 다운로드하고 설치 파일을 실행합니다.

Xcode를 다운로드할 때는 애플 계정이 필요합니다. 기존의 ID를 사용하거나 새로 ID를 만듭니다.

- **Xcode 내려받기**

  URL https://developer.apple.com/xcode/

아이폰에 빌드하기

File → Build Settings 메뉴로 Build Settings를 열고, 프로젝트 창에서 Main 씬을 드래그 앤 드롭합니다. 이어서 Player Settings 버튼을 클릭합니다(추가되어 있으면 건너뜁니다). 여기서는 이미 아이폰을 위한 플랫폼으로 변경되어 있다는 상황을 전제로 진행합니다(7.1.3절 참고).

▶ Player Settings 열기

Project Settings 창에서 Company Name을 입력합니다. 이 책에서는 Unity2022라고 입력합니다. 다른 사람과 등록 이름이 겹치지 않도록 독자 여러분의 상황에 맞게 값을 설정합니다.

▶ Company Name 입력하기

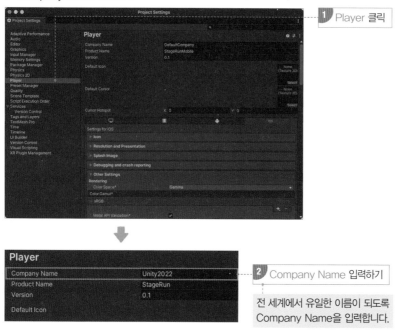

Build Settings로 돌아와서 Build 버튼을 클릭하여 빌드를 실행합니다

▶ 빌드 실행하기

New Folder를 클릭하여 저장할 폴더 이름을 입력하고 Create를 클릭합니다. 만들어진 폴더에서 Choose를 클릭하여 저장 경로로 지정합니다.

▶ New Folder 클릭

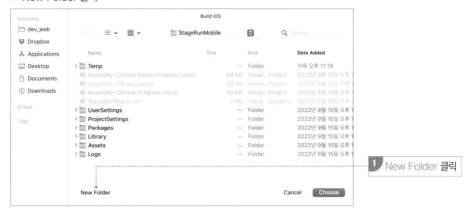

▶ 저장할 폴더 이름 지정

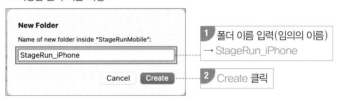

▶ Choose 클릭

빌드가 완료되면 저장된 폴더가 나타나는데 그중 **Unity-iPhone.xcodeproj**를 더블 클릭합니다. 그러면 Xcode가 실행됩니다(중간에 Xcode 변경을 위한 창이 나타날 수 있습니다. 확인하고 다음 단계로 진행합니다).

▶ Xcode 열기

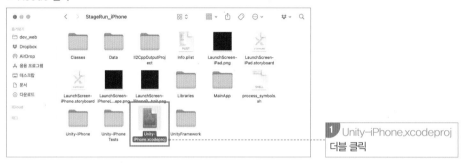

Xcode 설정하기

Xcode에 애플 계정을 등록합니다.

▶ 계정 등록하기

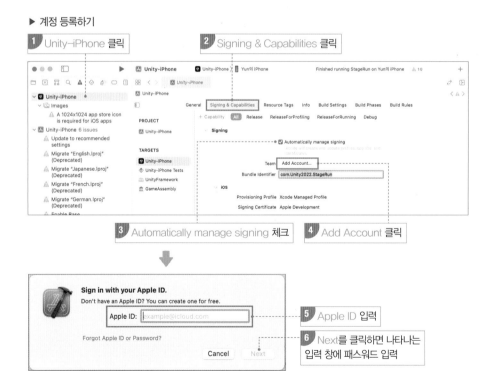

Xcode 화면으로 돌아온 뒤 Team에서 등록한 계정을 선택합니다. 화면 상단에서 연결된 아이폰을 선택하고 실행 버튼을 클릭하면 USB 케이블로 연결한 아이폰에 설치됩니다. 설치가 실행될 때 아이폰 화면이 잠겨 있으면 해제해둡니다.

▶ 아이폰에 설치하기

설치가 완료되면 게임을 실행해봅시다. Company Name에 설정한 값(380쪽 참고)이 올바르지 않거나 다른 값과 겹치면 제대로 실행되지 않습니다. 또한 실행 시 권한을 요구하는 화면이 표시될 수 있습니다. 확인 후 승인하고 다음으로 진행합니다.

iOS 기기에서 개발자의 확인이 필요할 수 있습니다. 이 경우에는 설정 → 일반 → VPN 및 기기 관리에서 등록해주세요.

7.3.2 안드로이드폰에서 실행하기

안드로이드폰에서 빌드하고 실행합시다.

안드로이드 스튜디오 설치

안드로이드폰에 게임을 설치하려면 **안드로이드 스튜디오**가 필요합니다. 안드로이드 스튜디오는 다음 링크에서 다운로드할 수 있습니다. 다운로드하고 설치 마법사에 따라 설치합니다.

- **안드로이드 스튜디오**

  URL https://developer.android.com/studio/index.html

안드로이드 빌드에 필요한 모듈은 유니티 허브에서 설치할 수 있습니다. 필요한 모듈은 이미 앞에서 설치했기 때문에 Android Studio를 설치하지 않아도 안드로이드에서 실행할 빌드를 만들 수 있습니다. 모듈을 설치하는 방법은 1장을 참고해주세요.

플랫폼 변경

Build Settings를 열고, Scenes in Build에 프로젝트 창의 Main 씬을 드래그 앤 드롭합니다. 이어서 플랫폼을 Android로 변경합니다. 또한 사용할 기기에 맞게 화면 비율 등을 설정합니다.

▶ 플랫폼 변경하기

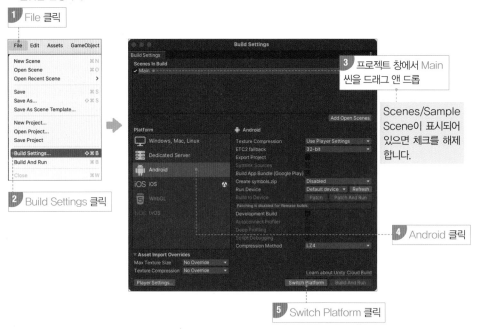

▶ 화면 비율 설정하기

안드로이드폰에 빌드하기

File → Build Settings 메뉴로 Build Settings 창을 열고 Player Settings 버튼을 클릭합니다.

Project Settings 창에서 Company Name을 입력합니다. 이 책에서는 Unity2022라고 입력합니다. 독자 여러분의 상황에 맞게 다른 사람과 등록 이름이 겹치지 않도록 값을 설정합니다.

▶ Player Settings 열기

▶ Package Name 입력하기

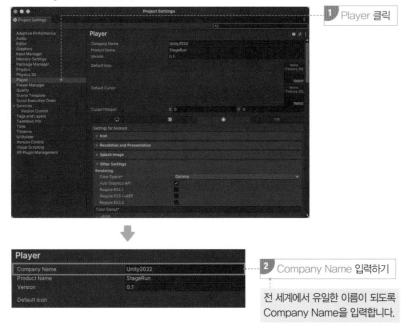

1 Player 클릭

2 Company Name 입력하기

전 세계에서 유일한 이름이 되도록
Company Name을 입력합니다.

안드로이드폰에서 실행해봅시다. Build Settings로 돌아와서 Build And Run 버튼을 클릭합니다. 빌드할 때는 안드로이드폰의 잠금을 해제해둡니다.

▶ 빌드 및 실행하기

1 Build And Run 클릭

Save As에 apk 파일 이름을 입력하고 Save 버튼을 클릭합니다(Where는 파일을 저장할 경로입니다). 여기서는 기본값으로 진행합니다.

▶ apk 파일 이름 지정하기

이것으로 지정한 폴더에 apk 파일이 생성됨과 동시에 USB 케이블로 연결된 안드로이드폰에서 게임이 실행됩니다.

▶ apk 파일이 만들어진다

실행 환경에 따라서는 안드로이드 기기에서 개발을 위한 설정을 변경해야 할 필요가 있습니다. 개발을 위한 설정은 설정 → 기기 정보 등에서 변경해주세요(기기의 종류나 OS의 버전에 따라 설정 방법이 다를 수 있습니다). 개발자 옵션 ON으로 하기, USB 디버깅 허용하기 등의 설정을 변경합니다.

유니티를 이용하여 VR 개발하기

유니티를 이용하면 간단하게 VR(Virtual Reality) 게임을 만들 수 있습니다. 실제로 많은 VR 게임이 유니티를 이용하여 만들어지고 있습니다.

File → Build Settings 메뉴를 선택하여 Build Settings 창을 열고 Player Settings를 클릭합니다. 이어서 Player Settings 창의 XR Plugin Management에서 install XR Plug-in Management를 클릭하고 Oculus 등을 활성화시킵니다. 이렇게 설정하는 것만으로 VR용 게임을 만들 수 있습니다(다만 VR 기기가 요구하는 PC 사양은 만족해야 합니다). VR 콘텐츠에 흥미가 있는 분은 유니티를 이용한 VR용 게임 제작에도 도전해보기 바랍니다.

▶ VR 기기 선택하기

유니티의 언어를 한국어로 변경하기

유니티 2022에서는 메뉴 등을 한국어로 표시할 수 있습니다. 한국어를 표시하려면 한국어 모듈을 설치해야 하는데 유니티 허브를 통해 모듈을 설치할 수 있습니다.

| 한국어 모듈 설치

먼저 한국어 모듈을 설치합니다. 유니티 허브를 실행하고 설치 탭을 클릭합니다. 한국어로 표시할 버전에 모듈을 추가합니다.

▶ 한국어 모듈 설치하기

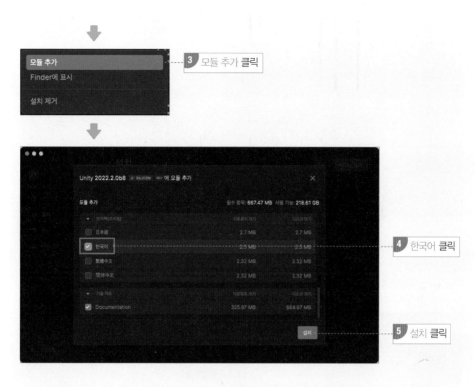

3 모듈 추가 클릭

4 한국어 클릭

5 설치 클릭

| 메뉴를 한국어로 표시하기

한국어 모듈을 설치한 후 유니티 허브에서 프로젝트를 엽니다. Unity → Preferences 메뉴(윈도우에서는 Edit → Preferences 메뉴)를 선택하여 Preference 창을 엽니다.

▶ Preference 열기

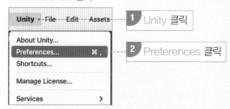

1 Unity 클릭

2 Preferences 클릭

Languages 탭을 열고 Editor Language를 한국어로 변경합니다.

▶ 한국어로 설정하기

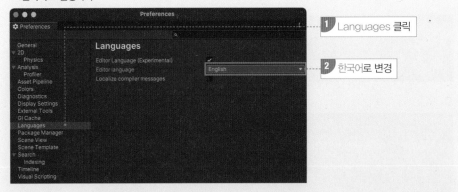

이제 유니티 에디터가 한국어로 표시됩니다. 설정을 변경하고 바로 한국어가 표시되지 않으면 에디터를 다시 실행합니다.

▶ 유니티가 한글화되었다!

Device Simulator

Device Simulator가 유니티 2021부터 표준 기능으로 추가되었습니다. Device Simulator를 사용하면 실제 기기에서 어떻게 표시될지 확인할 수 있습니다. 스마트폰 게임을 만들 때 이 기능을 이용하면 간단하게 화면을 확인할 수 있습니다.

게임 뷰에서 시뮬레이터 뷰로 변경하면 Device Simulator를 바로 사용할 수 있습니다.

다음은 iPhone 12를 선택한 예시입니다. 대상 기기에서 어떻게 표시되는지 쉽게 확인할 수 있습니다. 기기는 iOS나 안드로이드 등 다양하게 선택할 수 있습니다. Rotate를 클릭하면 표시 방향도 변경할 수 있습니다.

완성

7장에서는 게임을 스마트폰용으로 변경하여 아이폰과 안드로이드폰에서 실행되도록 했습니다. 아이폰과 안드로이드폰용 빌드 파일을 하나의 게임에서 만들 수 있다는 것은 유니티의 가장 큰 장점입니다. 다양한 플랫폼을 위한 게임 만들기에 도전해보세요.

▶ 완성!

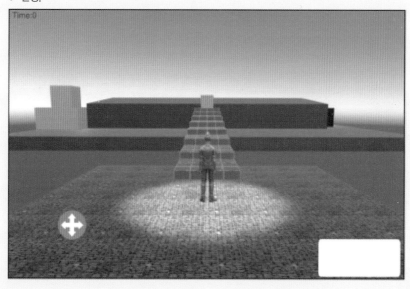

찾아보기

찾아보기

찾아보기